EUを考える

現代世界——その思想と歴史③

田中浩・編

田中浩
田中拓道
中村健吾
上原史子
鈴木弘貴
廣瀬真理子
松尾秀哉
穴見明
岡本和彦
グレン・D・フック
宮本太郎
大木雅夫

未來社

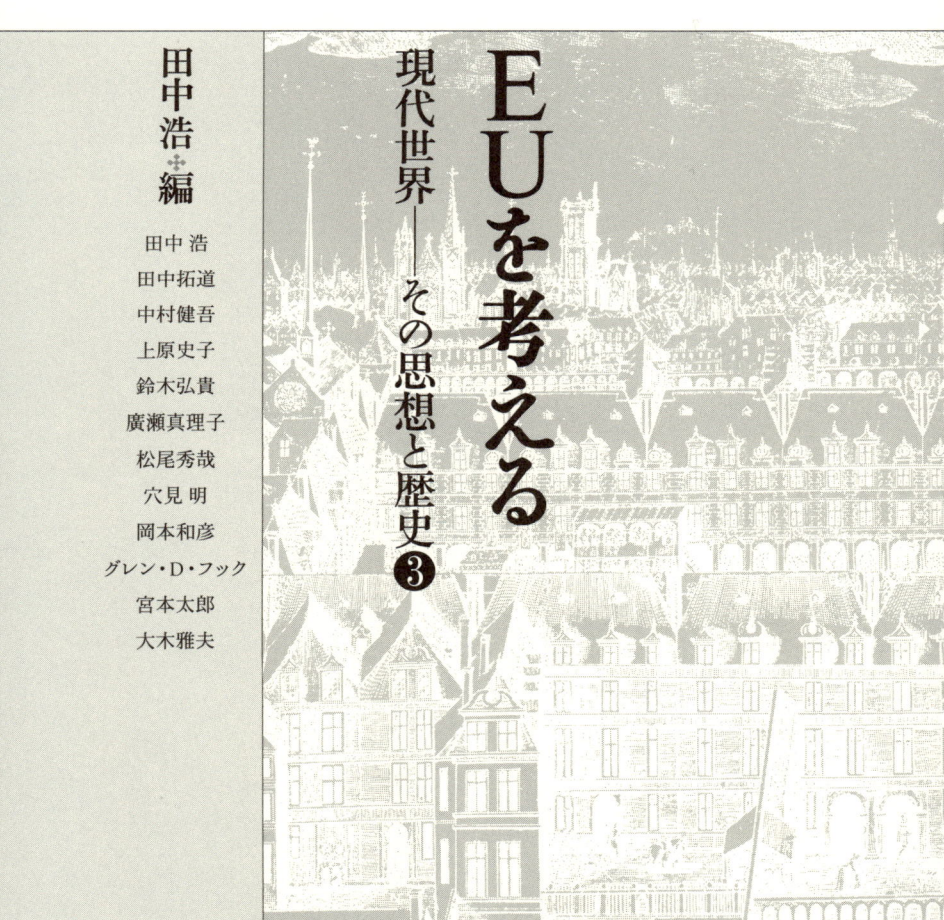

ＥＵを考える

目次

装幀——高麗隆彦

EUを考える

はじめに

「ＥＵ」（欧州連合）とは、日本人にはなかなかなじみのうすい用語である。もっとも「東日本大震災」（二〇一一年三月一一日）の福島原発の危険性に関連してＥＵが自国の原発のストレステスト（耐性評価）を実施すると発表し、またＥＵ主要国のドイツ・イタリアなどが「脱原発」を目指すという報道がなされるなかで、日本人もＥＵの存在に目を向けるようになったかもしれない。

敗戦からこんにちまでの六六年間のうちの約半分ぐらいの期間、日本人の多くは「東西対立」「冷戦構造」「アメリカかソ連か」「資本主義か社会主義か」といった二項対立的思考に陥りがちであった。したがって、いまから六〇年ほどまえの一九五一年以降、ヨーロッパで進行しつつあったＥＣＳＣ（欧州石炭鉄鋼共同体）、ＥＥＣ（欧州経済共同体）、ＥＣ（欧州共同体）、ＥＵなどの政治的・経済的・平和的共同体の形成については日本人はほとんど興味も示してこなかったといってよい（ちなみにＥＥＣと日本の外交関係が樹立したのは一九五九年のことである）。私もその一人であったが、一九七五年四月三〇日、米ソの「代行戦争」と言われたヴェトナム戦争が終結したときに、私はなにか「新しい時代」が始まるのではないかと直感した。

ではこの「新しい時代」とはなにか。またいかなる政治主体や思想が時代を先導していくのかについては、その時点では私はしかと思いつかなかった。しかしこのことだけはわかった。これ以後は、資本主義陣営と社会主義陣営が力ずくで相手陣営を圧服したり殲滅したりすることはもはや不可能であることを米ソ両大国が悟ったであろうということであった。とすれば、両陣営とも平和的な「競争的共存」の道しか選択はないであろう。「競争」の目的はなにか。「共存」の具体的内容はなにか。それは、人類史上、すべての人びとが追求してきたが、いまだに果たせないでいる、「自由・平等・平和」の実現という普遍的原理に立つ「世界共通の家」を構築することではないか。そして、「世界共通の家」を可能ならしめるためには、資本主義国家であれ、社会主義国家であれ、国民の福祉を充実させる必要があり、そうすれば国民の自由を保障でき、世界平和を実現できるのではないかと私は考えた。

私が一九七五年以降、社会保障制度や福祉国家の研究に目を向けたのは以上の事情による。ところで当時の日本の学会では、社会主義国家さえ実現すれば完全なる社会保障や福祉社会が達成されるという考えが強く、福祉国家などを研究するのはナンセンスであるという風潮があった。私はもともと民主主義の母国イギリスの市民革命から研究を始めて、二〇世紀前半に至る時期までの民主主義の発展過程を見てきていたので、米ソの対立という「二項対立的思考」には疑問を抱いていた。こうして私は、社会保障制度や福祉国家の充実したカナダから、オランダ、ベルギー、デンマーク、スウェーデン、ノルウェー、フィンランドなどの中型国家《ミドルステイト》、さらには福祉先進国イギリス、ドイツ、フランスなどの福祉の実態を調査する作業を開始した。ヨーロッパ諸国を回って気づいたことは、ヨーロッパの各大学間で社会保障や福祉国家にかんする研究のネットワークがしっかりとできているということであった。このときほど極東の地に位置する日本の研究環境の劣悪さを痛感したことはなかった。

それから一五年後、一九八九年秋に東欧革命が起こり、その年一二月はじめには「冷戦終結宣言」がなされ、九一年末にはついに社会主義陣営のリーダーであったソ連自体が崩壊した。いまや世界は「競争的共存」の時代から、まったく新しい時代局面へと突入した。そして、それに呼応するかのように一九九三年一一月にEC加盟国一二ヵ国を母体とした「EU」が創設された。その後、九五年には加盟国中一一ヵ国が単一通貨ユーロを採択した（二〇一一年八月現在、加盟国二七ヵ国中一七ヵ国が採択）。

こうして、米ソ超大国から一定の距離をおいた一つの「平和共同体」がヨーロッパに誕生した。米ソ両大国はおそらくこうした動きを軽視していたに違いない。しかしヨーロッパ諸国はギリシア・ローマ以来、二五〇〇年余の時代を経て、ルネサンス、宗教改革、市民革命、社会主義革命、帝国主義、植民地支配、ファシズム、とくに第一次・第二次世界大戦などのさまざまな経験を通じて、人類の幸福とはなにか、それを実現するためにはどうすればよいかを学んで「EUへの道」を歩み始めたものと思われる。

しかし、EUはまだ出発したばかりである。「EUの実験」は、私がヨーロッパに出かけた三五年ほどまえには、まだまだその成功が危ぶまれていた。現在でも加盟国間ではさまざまな矛盾や対立があるのかもしれない。とはいえ「EUの実験」は、世界民主主義の王道を歩んでいるから、経験を積み重ねながら数多くの矛盾や対立を克服しながら進展していくものと思われる。そしてもしもヨーロッパにおける実験が成功すれば、東アジアやその他の地域もそれに学んでいくはずである。ものごとに永遠不滅ということはないにしても、人類は二一世紀における「ＥＵの実験」を基礎にして、資本主義や社会主義という人類の歴史的創作物をも包み込んで、よりよい「新しい」社会の建設に向かって進んで行くことはまちがいない。

二〇一一年八月一六日

田中　浩

EUの実験——その思想的・歴史的前提

田中　浩

1　ＥＵ時代の到来

二十一世紀、世界はＥＵが先導する時代となった。そのことは、古代ギリシア・ローマ以来、二千年以上にわたって人類が希求してきた自由と平和と生活の安全を真に保障できる精神的・政治的・経済的共同体モデルが、ようやく本格的なかたちをとってこの地上に登場したことを意味する。しかし、ここに至るまでにはありとあらゆる人類の知的努力と挫折の苦しみがあった。

十九世紀末までの近代三百年の歴史だけを見ても、ルネサンス、宗教改革、市民革命、自由民主主義的政治・経済機構、大衆デモクラシーといった民主主義思想と制度の発展は、それに対抗する絶対王政、ヨーロッパ保守勢力の結集を決めたウィーン会議体制、独占資本主義、帝国主義、植民地支配などによってしばしば中断され妨害された。また直近の二十世紀に限って見ても、その期間中ほとんど武力闘争と思想的対立が繰り返され、人類史上最大の危機的様相がつい二十年ほどまえまで続いていたのである。

では、二十世紀の政治的・経済的・思想的特徴を見ていこう。第一次世界大戦は、民主主義的政治体制と資本主義的経済体制がより発展していた英・仏（のちに米も参加）連合国と、それらがより遅れた独・墺同盟国が激突したヨーロッパ限定の戦争であった。この大戦は、しょせんは帝国主義国家間の戦争という性格を免れなかったから、戦後、改革と平和の気運に乗じて創設された史上初の国際平和機構である国際連盟もわずか二十年で崩壊し、第二次世界大戦の勃発を阻止できなかった。第二次世界大戦は、英・仏・米をはじめとする連合国と独・伊・日などの同盟国が対決した全世界的規模の戦争であった。この戦争では、連合国が民主主義の擁護を、同盟国がファシズムの正当性を掲げて闘ったが、この場合にも実質的には第一次世界大戦と同じく、資本主義先進国と後進国の帝国主義戦争という性格を色濃くもっていた。

しかし、第一次世界大戦と第二次世界大戦の結果は大きく異なっていた。第二次世界大戦後には、戦勝国も敗戦国も、民主主義と国際平和の重要性をはっきりと認識するようになったのである。そのことは、人権と自由を抑圧した全体主義・軍国主義・ファシズムが否定され、長らく植民地支配に苦しんだアジア・アフリカ地域に新興独立国家が次々に誕生したこと、またイデオロギーと政治・経済体制を異にする資本主義国家群と社会主義国家群が国際連合という全世界的規模の国際平和組織を創設し、自由権・参政権・社会権などの基本的人権思想を共通の普遍的原理とする世界人権宣言を制定・承認したことからも明らかである。

にもかかわらず、戦後ただちに新しい対立が開始された。この対立は、十九世紀中葉から主要な資本主義諸国家内部において顕在化した経済的・社会的・政治的不平等に起因し、マルクス・エンゲルスによれば、少数の資本家階級と社会の大多数を占める労働者階級による資本主義対社会主義の闘争というかたちをとる。この階級対立は二十世紀に持ち越され、全世界的に最重要な政治課題であり続けた。そして、この対立は二つの世界大戦時に一時期中断されたが、第二次世界大戦後、状況は一変した。それまでソ連一国だけであった社会主義陣営は、人口にして世界の三分の一以上、領土にして四分の一を占める一大勢力となったのである。こうして民主主義の護民官を自称するアメリカ率いる資本主義陣営と社会主義の守護神を自任するソ連率いる社会主義陣営との民主主義をめぐる正当性争いが全世界的に展開された。とくにこの争いは、アジアの地において尖鋭化され、朝鮮戦争、インドシナ戦争・ヴェトナム戦争は、完全に東西両陣営の「代行戦争」（カール・シュミット）となった。

しかし、戦後三十年間ほど続いた武力を背景とする東西対立は民主主義の本質と懸け離れていたことが、両陣営で認識された。朝鮮戦争は両陣営相打ちとなり、朝鮮半島は「三十八度線」により南北両国に分割され、その後こんにちに至るまで東アジアの不安定要因となっている。そしてヴェトナム戦争では民族解放闘争のまえにアメリカが敗退し、ヴェトナム民主共和国が成立したが、これは、武力闘争で他民族を抑圧することは無益であること、また世界の民主主義の勝利を実証するものとなった。これによって、それまで頑なに「平和共存」を拒否してきたアメリカもそれを受け入れ、ここに東西両陣営は「競争的共存の時代」に入った。

他方、ロシア革命以後、一貫して社会主義的生産方法と共産党一党独裁を守ってきたソ連も、世界の資本主義諸国と競争していくために資本主義的生産方法を学ぶ必要性を自覚し、それにともなって一九八〇年代中葉以降、ゴルバチョフ書記長の「ペレストロイカ」(改革)、「グラスノースチ」(情報公開)によって市民的自由の保障や複数政党制を認める方向性が示された。そしてそれは、戦後四十年余、ソ連の衛星国とされていた東欧諸国の社会主義陣営からの離脱(東欧革命)や東西対決の象徴であったベルリンの壁の崩壊(一九八九年十一月十日)、一九八九年十二月の冷戦終結宣言(父ブッシュとゴルバチョフ)へと進展し、一九九一年一月には、約七十年ほど続いたソ連自体がついに崩壊した。

第二次世界大戦後からソ連の崩壊まで、世界政治は米・ソ超大国が指導してきた。そしてソ連の崩壊によって、アメリカは市場原理の勝利を高らかに謳い、その後、二十年間ほどいわゆる「世界を善導する役割」を一手に引き受けてきた。しかし、湾岸戦争(一九九一年一月十七日~二月二十七日)、イラク戦争(二〇〇三~二〇一〇年)などの処理をみても、アメリカ型平和構築の方法は成功しているとはいえない。またかつてのアメリカの対抗軸であったソ連(現ロシア)も、もはや世界の民主主義のリーダーとはなりえず、中国や日本もそういう位置にはない。

では二十一世紀に入って世界の平和と安全を具体的に保障できる思想と制度はどこに求めることができるか。それは現在ヨーロッパ二十七カ国が加盟しているヨーロッパ連合(EU)をおいてほかにない。なぜなら、このEUは、古代ギリシア・ローマ以来の人類史のなかで、民主主義の思想・制度・行動に最もかなった平和組織であると思われるからである。以下、EUの設立を可能にした思想的・歴史的前提について述べる。

2　ヨーロッパ連合への夢

ヨーロッパ連合創設計画は、第二次世界大戦終結からわずか五年後の一九五〇年五月九日、ときのフランス外相ロベール・シューマンが石炭・鉄鋼の共同管理（シューマン・プラン）を宣言したときに始まる。

その三年前の一九四七年にアメリカの国務長官マーシャルが「マーシャル・プラン」を発表していた。この「マーシャル・プラン」は、戦後、ソ連の統率のもとに社会主義陣営が急速に拡大・強化されるのを恐れたアメリカが、その状況を阻止するために大戦で疲弊したヨーロッパ諸国に経済援助をし、同時にヨーロッパ全域をアメリカの影響下におこうという狙いをもったものであった。これにたいし「シューマン・プラン」は、ヨーロッパが自主的な再生をはかり、それによって、アメリカとソ連双方からの介入や支配を排除し、ヨーロッパ二千年の伝統文化や思想とそこで育まれた民主的政治・経済システムを再構築して平和な秩序を維持・発展させようという計画であった。

ではヨーロッパ連合を可能にする思想と条件とはいかなるものであったか。それは二千年以上にわたって文化的・政治的・経済的にほぼ共通する歴史を有するヨーロッパ地域の諸国が連合して、みずからの安全と平和を守ろうとする、いわば一国民主主義における社会契約を超えた「超国家的・国際的社会契約」を実現しようとするものである。そしてこのような思想が生まれるためには、ヨーロッパという地域共同体が形成されていることが必要条件であった。

ヨーロッパという語は、フェニキア王アゲノールの王女エウロペの名に由来し、このエウロペ王女を神々の主ゼウスが見初《みそ》めて略奪し、その三人の子供が各地に分かれて統治したという物語がそれに続く。しかし、言葉の正しい意味では、ヨーロッパの原型を作りあげたのはローマ帝国であった。ローマ帝国は、地中海沿岸全域からメソポタミア、現在のイギリスにまで及ぶ広大な地域を約五世紀にわたってその支配下においた。この間、ローマ帝国は、パリ、マルセイユなどの大都市を建設し、それらを結ぶ道路や下水道を整備した。二一〇年にはローマ帝国は現在のユーロに当たる単一通貨ディナリウスを発行し、ヨーロッパとアジア間の通商が発展した。二一二年にはカラカラ帝が帝国内の自由民にローマ市民と同じ市民権を与え、さらにこの時代、帝国内で共通に適用されるローマ法が作られ、三一二年にコンスタンティヌス帝がキリスト教に改宗すると、カトリック教会がヨーロッパ共通の言語であるラテン語を通じて、ヨーロッパのローマ化をはかった。

三九五年にローマ帝国が東西に分裂すると、四七六年にはゲルマン民族が侵入して西ローマ帝国は滅亡したが、その後、コンスタンティノープルに都を置いた東ローマ帝国（ビザンツ帝国）は、オスマン帝国に滅ぼされる一四五三年まで続いた。この東ローマ帝国はギリシア文化とオリエント文化を融合した独自のキリスト教文化（ギリシア正教）を築き、ローマ帝国の文明と制度をヨーロッパに伝え、イタリア・ルネサンスの興隆をうながした。

ところで、ヨーロッパは、六世紀から八世紀末頃にかけて、諸民族国家が乱立して統一性を欠いた暗黒時代が続いたが、フランク王カルル一世が、現在の独・伊・仏にまたがる大帝国を建設し、ここにかつてのローマ帝国の記憶がよみがえった。カルル一世は、カトリックの教会や修道院などのネットワークを通じてヨーロッパの統一をはかり、八〇〇年に教皇レオ三世からローマ皇帝に任じられると、キリスト教による共通文化の形成を促進した。また十二世紀に入ると、ヨーロッパ地域内の通商が発達し、ドイツ商人によってハンザ同盟が作られ、フィレンツェにメディチ家、アウクスブルクにフッガー家などの大銀行家が誕生した。こうして十四世紀には、イタリアを中心に古代文明の精神と文化を復興するルネサンス運動が起こり、ペトラルカはキケロの雄弁術の書物を、弟子のボッカチオはタキトゥスの手稿の断片を発見した。このようなギリシア・ローマ文明の発見は、個人の自由を求める人間中心の思想（人間主義）をヨーロッパ各地に伝播させた。

しかし、一五二一年にルターの宗教改革運動が起こり、キリスト教世界がカトリックとプロテスタントに分裂すると、ヨーロッパは宗教戦争の渦に巻き込まれた。一六四八年のウェストファリア条約によって新・旧両派の和解が成立したが、以後フランス革命までの約百五十年間、ヨーロッパは国民国家建設の時代に入り、イングランドやフランスでは市民革命が起こり、絶対王政が打倒されて近代民主主義国家が誕生した。そして、この民主主義を基本原理とする近代国家が、現代のヨーロッパ連合の構成単位となる。なぜなら人権と自由の保障を基礎としない国家連合は、つねに戦争と紛争によって分裂するからである。

人類はその後も約二世紀ほどのうちに、帝国主義列強による植民地支配、二度の世界大戦、ファシズム・スターリニズムの恐怖政治などのさまざまな経験をする。しかし、この間にも人類は平和と安全を保障する思想と制度を構築するために確実に努力してきた。そしてそれなしには、二十世紀後半における国際連合や世界人権宣言などにみられる世界的な民主主義の発展や、ヨーロッパ連合のような平和思想は生まれなかったであろう。ローマ帝国以来の「ヨーロッパ連合への夢」は、ゆっくりとしかし確実に人類史のなかで進展しつつあったのである。

3 「平和と民主主義」の砦

古代ローマ帝国以来の「ヨーロッパ連合への夢」とは、ヨーロッパをひとつの連合体にすることによって全域の安全と平和を確保しようという計画である。ギリシアのペリクレスも「アテネが平和で強固であるのは民主主義のおかげである」と述べているように、平和の基礎には民主主義がすぐれて深く関係していた。

またローマ帝国が建国以来五百年ほど続いたことによって、ヨーロッパ共通のローマ法が生まれ、ラテン語や教会を通じてヨーロッパ全域にキリスト教文化が広まった（十四世紀初頭までは、ヨーロッパという言葉はキリスト教世界のことだと考えられていたようである）。このローマ帝国こそが、こんにちのＥＵの政治的・経済的・文化的基盤の先駆であったといえよう。しかし、具体的なヨーロッパ連合という観念は、十三世紀末に北欧やイングランド、スコットランド、フランス、スペイン、ポルトガル、ハンガリー、ポーランドなどに民族国家が出現するなかで生まれてきたのではないかと思われる。たとえばそのことは、ピエール・デュボアが『聖地回復について』（一三〇六年頃）において、ヨーロッパの君主や都市が連合して「キリスト教共和国」を作り、ヨーロッパに平和を確保することを提唱していることに見られる。

しかし前述のように宗教改革ののろしがあがると、ドイツでは農民戦争、イングランドではヘンリ八世のローマ教会離脱、フランスではカトリックとユグノー（プロテスタント）との宗教戦争が相次いで起こり、ヨーロッパ共同体の構想も崩壊した。一五二五年に『戦争と平和の法』を書いたグロティウスが、キリスト教会がヨーロッパを統合すること、また神聖ローマ帝国（ドイツ第一帝国）が復活することはいずれも不可能であると見ていたのは当時の国際状況を反映したものといえよう。

こうしたなかで、ナントの勅令でユグノーに信仰の自由を認めたフランス王アンリ四世を補佐したシュリ公が「大計画」を考案した。その内容は、ひとつにはカトリック、改革派（カルヴァン派）、プロテスタント（ルター派）諸派の平和的共存を唱え、二つには、皇帝と教皇との勢力均衡をはかることによるヨーロッパの平和維持を主張するものであった。そしてこの「大計画」は、のちのヨーロッパにおける平和主義者たち、たとえばウィリアム・ペン、サン・ピエール、カント、サン＝シモンらに影響を与えた。とすると、シュリの「大計画」が「ヨーロッパ連合への夢」を大きくふくらませた、近代における最初の「のろし」であったといえよう。

「大計画」にかんするものとしては、サン・ピエールの『永久平和論』が、とくに重要である。サン・ピエールは、世界平和を道徳的に求める自然法だけでなく、実定法である国際法によって各国君主が国際平和機構を設立し、戦争を放棄するように主張してルイ十四世の専制政治を批判し、ルソーやカントに影響を与えた。Ｅ・Ｈ・カーが『危機の二十年』（一九三九年）のなかで、サン・ピエールを国際連盟の構想を築いた人と述べ、またルソーの「サン・ピエール師の永久平和論抜粋」（一七六一年）を読んだシラーが「歓喜に寄す」を著わし、その影響を受けて構想されたベートーヴェンの第九交響曲が、一九八六年に当時のヨーロッパ共同体（ＥＣ）で「ヨーロッパの歌」として採択された（二〇〇七年末に調印された「リスボン条約」では「欧州憲法条約」に挿入されていた「ＥＵ旗」と「ＥＵ歌」に関する規定は削除された）ことも象徴的であろう。

そして一七八九年に始まるフランス革命はヨーロッパ全域に民主主義の思想と制度を発展させ、それは同時に国際平和とヨーロッパ連合の思想的基盤となった。ヴォルテールはイングランドを「自由と寛容の国」と賛美し、モンテスキューはイングランドの統治構造をバランスのとれたしくみとして紹介し、スイスの憲法学者ジャン＝ルイ・ドロルムは『イギリスの政治構造』（一七七一年）において、そこでは「国王による専制支配がくい止められている」と述べた。他方でトマス・ペインは、『コモン・センス』（一七七六年）において、イギリス民主政治の欠陥（国王は世襲制、上院には選挙がなく、下院は制限選挙）を徹底的に批判してアメリカ独立戦争を支持し、またフランス革命にさいしては『人間の権利』（一七九一〜九二年）を書いて、フランス革命に反対するバークの『フランス革命にかんする省察』（一七九〇年）を批判する民主主義論を展開した。またナポレオンはヨーロッパ全域に共通する原則や制度の確立を目指して『ナポレオン法典』（一八〇四〜一一年）を制定し、ここでは「法の前の平等」「個人自由の尊重」「所有権の不可侵」などの市民的自由の権利が盛り込まれた。

こうした民主主義の発展と連動して、十九世紀に入ると、ヨーロッパ連合を目指す運動が一段と進んだ。アメリカ独立戦争に参加したサン＝シモンは、新しく生じた産業社会の特徴と実情を分析し、ヨーロッパ連合を目指した。かれは、人類がそのすべての知識を結集し、またとくに科学者と産業者（工場経営者、労働者、銀行家）が担い手となってヨーロッパ社会の平和を構築するように提案している。またかれは、ヨーロッパ連合の条件としては各国が民主主義的な議会制度を確立することが必要だとして、反民主主義的なウィーン会議体制は必ず失敗すると述べている。他方で、マルクスとエンゲルスは『共産党宣言』（一八四八年）を書いて、ヨーロッパたけにとどまらず全世界に平和と民主主義を確立するためには、世界人口の大半を占める労働者階級による社会主義革命が必要であることを訴えた。こうして十九世紀中葉までに、続く二十世紀における最大の政治課題となる、資本主義体制と社会主義体制のどちらが世界の平和と民主主義を実現するかという対立構図が明らかにされたのである。

ところで、第一次世界大戦の反省と教訓を踏まえて国際連盟が作られたが、ヴェルサイユ講和会議議長を務めたフランスの首相クレマンソーは、ドイツの脅威を恐れて苛酷な賠償責任を負わせたため、それが六千万人のドイツ国民に火をつけ、一九三三年にヒトラー率いる第三帝国が作られた。一方、ロシアでは一九一七年にロシア革命が起こって社会主義政権が誕生し、また、アジアの一角では米・英・仏・ソに対抗して大東亜共栄圏を唱える日本が台頭した。

こうしたなかで、オーストリア＝ハンガリー帝国のカレルギー伯は、一九二三年に「パン・ヨーロッパ運動」を提案し、一九二六年には第一回パン・ヨーロッパ会議が開かれ、二十六カ国が出席してヨーロッパ連邦問題を論じた。

さらに、ドイツにきびしい態度をとったフランス首相ポアンカレの態度を懸念したブリアンが、一九二八年にアメリカの国務長官ケロッグとともに不戦条約（ブリアン・ケロッグ条約）を結んだことに注意すべきである。続いてブリアンは、一九二九年の国際連盟総会で講演し、ヨーロッパには伝統的に「連合共和国」の思想が存在すること、また地域的連合は国際連盟と相反しないことを述べ、ヨーロッパ二十七カ国に連合を呼びかけ、翌三〇年にジュネーブで集まった。二〇一一年現在、EU構成国は二十七カ国であり、メンバーは三〇年の場合とほとんど同じであること、またこのときにもトルコとロシアの加盟が問題になっていることはまことに興味深い。しかし、ブリアンが提案した「連合共和国」の夢は、ブリアン自身の死去と、ナチ政権の誕生によりまたもや挫折することになる。しかし、EU設立（一九九二年）の六十年以上まえに、ほとんど同じ具体的なモデルが提案されていたことは、注目すべきであろう。

4　EUの成立と拡大

第二次世界大戦直後にヨーロッパ連合運動に最初のきっかけを与えたのは、戦時中のイギリス首相チャーチルが、一九四六年九月にチューリヒ大学でおこなった演説と思われる。ここでかれは、ヨーロッパの諸民族がアメリカ合衆国のような「ヨーロッパ合衆国」を建設するようにすすめ、それにはまずドイツとフランスが手を結ぶ必要があると強調した。この演説の六カ月まえに、チャーチルは有名な「鉄のカーテン演説」をおこない、ソ連の封鎖性を非難し共産主義の脅威を訴えたばかりであったから、かれの「ヨーロッパ合衆国」の提案がヨーロッパ各地で大きな反響を呼んだことはまちがいない。

ヨーロッパ連合計画を実際に具体化したのは、ヨーロッパ連合の思想と運動の長い伝統をもつフランスのジャン・モネ（戦後復興のための経済計画本部を結成した）であった。かれは、二度の大戦を闘った「不倶戴天の敵」ドイツとフランスの宿命的な対決を、両国の石炭と鉄鋼を国際的な管理下におくことで回避し、ヨーロッパ全体の復興を目指す構想を練っていた。

この「ヨーロッパ統合の父」と呼ばれたモネの構想を受けて外相シューマンは西ドイツ（当時）首相アデナウアーの賛同を得て、一九五〇年五月九日、石炭鉄鋼共同管理案（シューマン・プラン）を発表した。このプランは翌五一年四月に、フランス、西ドイツ、イタリア、オランダ、ベルギー、ルクセンブルクの六カ国(小欧州)からなる石炭鉄鋼共同体(ECSC)として実現した。こうしてローマ帝国以来の「ヨーロッパ連合への夢」はその具体的な第一歩を踏みだしたのである。

次いでECSCは、一九五七年のローマ条約で、域内市場全体での、ひと・もの・資本の移動の自由化を目指すヨーロッパ経済共同体(EEC)と原子力共同市場の形成を求めるヨーロッパ原子力共同体(ユーラトム)を定めた。その後、一九六七年にEECは、ヨーロッパ連合の「拡大・強化・完成・政治協力」を掲げて再編成を試み、ヨーロッパ共同体(EC)と名称を変えた。そしてこのECは一九七三年に、イギリス、アイルランド、デンマークが加入して「拡大EC」(九カ国)となった。また七九年にはギリシア、フィンランド、ポルトガルが加入し(十二カ国)、九二年には単一通貨ユーロ導入のための経済通貨同盟(EMU)、政治同盟(ERU)、共通外交安全保障政策(CFSP)、司法協力(CJHA)などを内容とするマーストリヒト条約(ヨーロッパ連合条約)を締結し、ECはEUへと進展した。ここに一九五一年のECSC発足以来、約四十年ほどかけて、平和と民主主義の実現を掲げた、真に実行力のある世界最大の政治的・経済的共同体がその力強い姿を現わしたのである。

その後もEUは着実に拡大の方向をとり、九五年にはスウェーデン、フィンランド、オーストリアが加盟して十五カ国となった。そして九七年には統一通貨ユーロを定めるアムステルダム条約を制定し、九九年にはEU加盟国中十一カ国がユーロを採択した(二〇一一年現在、十七カ国が採択)。

二十一世紀に入り、二〇〇二年は「EUの年」となった。旧社会主義国の東欧諸国と地中海諸国

（ポーランド、チェコ、ハンガリー、エストニア、ラトビア、リトアニア、スロバキア、スロベニア、マルタ、キプロス）十カ国が加盟してＥＵ構成国がいっきょに二十五カ国に拡大したからである。さらに二〇〇七年にはブルガリアとルーマニアが加盟して二十七カ国となり（トルコとクロアチアも加盟を希望しているが未決定）、いまやＥＵは域内人口にして約五億人を数え、経済力においてもアメリカを押えて世界第一位となった。

では、ＥＵはなぜこのように順調な拡大に成功したのか。また、ＥＵは今後、世界平和の実現のためにどのように貢献していくのか。そして、われわれはＥＵ研究を通じてなにを学ぶのか。

5　むすび——ＥＵから学ぶこと

二十一世紀における最重要な政治・経済共同体であるＥＵについて、日本ではいまだ関心が薄いように思われる。その理由はいくつか考えられようが、敗戦国日本の政治・経済・文化に圧倒的な影響を与えてきたのは当然のことながらアメリカであったこと、それと関連して戦後六十五年の三分の二以上の期間、日本人の関心は東西対立、すなわちアメリカかソ連かをめぐる思想状況下にあったことが挙げられよう。そのことが、古代ギリシア・ローマ以来ヨーロッパ地域を中心に人類が自由・平等・平和などの民主主義の原理を確立するために闘ってきた歴史的経験から学ぶという学問的態度を日本人が身につけられず、つねに普遍的原理からものごとを追求しようとしない思想的貧困の原因となっているようにも思われる。

ＥＵ成立までの歴史を見ると、ヨーロッパ諸国民は、ローマ帝国以来二千年以上にわたって、絶対王政、帝国主義、ファシズムをはじめ、戦後もアメリカやソ連の覇権主義と闘ってきた長い長い経験をもち、それを精神的伝統として血肉化してきたことがわかる。しかし日本では、明治維新にしても戦後民主改革にしても、外圧によって強制された性格が強く、真に自立的な改革・革命ではなかったから、人文・社会科学分野の研究でも、現実の政治・経済の面でもいまだに民主主義や民主政治を考える力が定着していないのである。したがってこんにちＥＵに関心をもち、それを研究するということは「民主主義の本質とはなにか」という根本問題を学ぶことといっても過言ではない。

もとよりＥＵにおいてもさまざまな問題がある。たとえば最近のギリシアの金融危機がその例である。これについては、ＥＵ主要国はすかさずギリシア経済の救援を決めた。これはＥＵが「ひとつの国家共同体」であるからできたのである。歴史の示すところによれば経済問題は世界恐慌につながり、しばしば戦争の原因にさえなる。しかしヨーロッパ二十七カ国がまとまっていれば、それらの危機を回避できるであろう。そればかりか二十七カ国がゆっくりと時間をかけて経済格差をなくすように協力すれば、そこにひとつの「平和共和国」ができるであろう。では、そのような経済共同体の形成ははたして可能であろうか。

ヨーロッパは近代以降、「連合」を可能にする政治・経済社会を形成するように努力してきた。十七世紀のイギリス革命に始まり、三百五十年以上かけて政治的民主主義体制が作られていった。とくに第二次世界大戦後、ファシズム国家が崩壊し、ヨーロッパのほぼ全域が自由と人権を保障する民主主義国家となった。そして戦後五十年ほど経った一九九一年にはソ連が崩壊し、東欧諸国も民主主義国家へと改変された。ソ連最後の指導者ゴルバチョフは「ヨーロッパは共通の家である」と述べている。とすると、ＥＵが東欧諸国を加え、いずれはロシアをはじめとする旧ソ連の構成国までを含めた政治・経済共同体へと拡大される可能性は十分にあるであろう。そして地球の半分近くを占める地域が、国際連合のような「主権国家連合」ではなく、「国民連合」的性格のものに変わっていき、「平和共同体」が確立されれば、それが南北アメリカや東アジア地域、アフリカ、中近東地域へと拡大していくことは可能であろう。

ヨーロッパでも十九世紀中葉以来、福祉資本主義とマルクス的社会主義は、社会党対共産党というかたちで約百五十年にわたり闘ってきた。では、この対立がなくなりＥＵへと収斂されていったのはなぜか。その理由としては、資本主義側が、社会主義側の要求である不平等是正を受け入れて、公共福祉のためには私有財産の制限もありうるといういわゆる社会主権的思想（トマス・ヒル・グリーン）への転換をはかったこと、他方で一九三〇年代に、ファシズムやスターリニズムにたいして、北欧やベネルクス諸国のマルクス主義的社会主義政党が、議会で多数を得て平和的に社会主義を実現するという現実的な社会民主主義へと転じたことが挙げられよう。戦後七〇年代頃からは、フランス共産党やイタリア共産党も一党独裁・暴力革命を修正して社会民主主義へと戦略・戦術を変更し（ユーロ・コミユニズム)、さらには東欧諸国がソ連から離脱し、社会主義・共産主義の本家本元であるソ連自体もついに議会制民主主義を採用することになった。こうしていまやヨーロッパは、市民革命以来の「リベラル・デモクラシー」(自由民主主義)と十九世紀中葉以降に発展してきた社会主義政党が唱える「ソーシャル・デモクラシー」(社会民主主義)を基本原理とする、議会制民主主義という共通の政治制度のもとで連合しているのである。

かつて一九七〇年代には福祉国家を研究することは、完全な平等社会を目指す共産主義に反するものとして歓迎されない時期があった。しかし、一九九五年のEU加盟国十五カ国のうち十二カ国が社会民主主義政権であったことを思うと、政治的には議会制民主主義、経済的には福祉資本主義からなる社会民主主義体制が、こんにちの世界の共有財産となってきつつあるように思われる。換言すれば、EUは、議会制民主主義、福祉資本主義からなる「平和主義的混合共同体」といえよう。この意味でEUは二十一世紀における人文・社会科学分野の最重要な研究対象といえるのである。

〔参考文献〕

クリストファー・ピアソン『曲がり角にきた福祉国家——福祉の新政治経済学』田中浩・神谷直樹訳、未來社、一九九六年

ルネ・クーペルス、ヨハネス・カンデル編『EU時代の到来——ヨーロッパ・福祉社会・社会民主主義』田中浩・柴田寿子監訳、未來社、二〇〇九年

29　ＥＵの実験（田中 浩）

デレック・ヒーター『統一ヨーロッパへの道――シャルルマーニュからＥＣ統合へ』田中俊郎訳、岩波書店、一九九四年
クリスチーヌ・オクラン『語り継ぐヨーロッパ統合の夢――ローマ帝国からユーロ誕生まで』伴野文夫訳、日本放送出版協会、二〇〇二年
村上直久編著『ＥＵ情報事典』大修館書店、二〇〇九年

社会的ヨーロッパと新しい福祉政治

田中拓道

1　ヨーロッパ社会モデルの変容

戦後の西ヨーロッパでは、経済成長と福祉国家の発展が不可分に結びついていると考えられてきた。国家の役割を最低限の生活保障にとどめてきたアメリカと異なり、西ヨーロッパの多くの国では、市民全体に平均的な生活水準を保障することが国家の役割とみなされてきた。それは戦後国家と市民の間に成立した一種の「社会協約」であり、手厚い福祉のあり方は「ヨーロッパ社会モデル」とも呼ばれてきた。

一九八〇年代以降、グローバル化や産業構造の転換とともに、ヨーロッパの「社会モデル」は大きな変化にさらされている。アメリカやアジアとの経済競争のなかで、ヨーロッパは域内の市場・通貨統合を進め、統合の地理的範囲を拡大することで、自らの地位を保とうとしてきた。もはやかつてのように、市民全体の平均的な生活水準を保障することが公権力の役割とみなされているわけではない。

とりわけここ十年の間に「ヨーロッパ社会モデル」は質的転換を遂げたと指摘されている。

この小文では、以上の状況を踏まえ、ヨーロッパ統合の進展が、域内の福祉国家にいかなるインパクトを与えているのかを考えたい。ここでの目的は、EUという統治体における福祉・社会政策それ自体を検討することではなく、ヨーロッパ統合と国内政策の相互関係に着目し、そこに「新しい福祉政治」と呼ぶべき空間が浮上していると指摘することである。この「新しい福祉政治」を分析するためには、従来の福祉国家研究のモデルを刷新する必要がある。すなわち、各国の歴史にさかのぼった個別研究と、国境を越えるアクターの再編にかんする研究を組み合わせた比較政治学的アプローチを発展させる必要がある。

以下では、まず国境という枠組みを前提として展開してきたこれまでの福祉国家研究をふり返る(2)。次にヨーロッパ社会政策にかんする今日までの議論状況を要約する(3)。そのうえで「福祉レジーム」という概念をヨーロッパへと当てはめ(4)、「ヨーロッパ福祉レジーム」の形成が、おのおのの福祉国家に異なるインパクトを与えていることを、マウリツィオ・フェレーラの議論を踏まえながら指摘する(5)。最後に今後の福祉レジーム研究の課題について私見をまとめる(6)。

2　比較福祉レジーム論

最初にこれまでの福祉国家研究を簡単にふり返っておきたい。先に触れたように、戦後の福祉国家は経済発展とともに拡大すると考えられてきた。こうした通念を批判し、各国の制度の違いに着目して比較研究への道をきりひらいたのがエスピン＝アンデルセンであった(1)。彼は福祉を担う制度として、国家のみならず、教会、職域集団、家族、民間保険などの多様な社会集団を考慮に入れる。これらの組合せは「福祉レジーム（welfare regime）」と呼ばれる。各国の福祉レジームはその発展期にどのような政治勢力が主導権を握っていたのかに応じて、三つの類型に区分できる。フランス、ドイツ、イタリア、オーストリアなどの大陸ヨーロッパ諸国では、教会、職業ギルド、家族などの伝統集団の役割が残りつづけた。これらの国は、国家による直接の福祉ではなく、伝統集団を組み合わせる形で福祉を発展させたため、「保守主義レジーム」と呼ばれる。一方、北欧諸国では労働者の全国的な組織化が進み、社会民主主義勢力の影響下で単一の公的保険が発展した。これらは「社会民主主義レジーム」と呼ばれる。最後にイギリスやアメリカなどのアングロ・サクソン諸国は、労働者に比べて使用者の政治的力が強く、国家の役割は最低限の生活保障に抑えられた。公的保険に代わって民間保険や企業福祉が発達し、主に市場をつうじて福祉が供給されることから、これらの国は「自由主義レジーム」と呼ばれる。

エスピン＝アンデルセンの議論では、二十世紀の福祉レジームを分岐させた要因として、労働者と使用者の階級的な権力関係が最も重視された。彼の議論は福祉拡張期の「政治」を分析するモデルとして広く受け容れられ、今日まで活発な比較研究を生み出してきた。

一方、一九八〇年代から福祉国家をとりまく環境は大きく変化する。資本移動を規制してきたブレトン・ウッズ体制が七〇年代半ばに崩壊すると、七〇年代末からグローバル化が急速に進展する。高齢化などの社会的要因で福祉支出が増大する一方、国家による財政や金融へのコントロールは弱まり、社会保障財政が悪化する。これらの変化を背景として、各国は福祉の拡張ではなく「縮減(retrenchment)」を迫られることになった。

ポール・ピアソンは、福祉縮減期の政治的メカニズムを福祉拡張期と区別することで、新しい研究潮流をもたらした。(2) 彼によれば、グローバル化などの環境変化にたいして、国内の制度は強い自律性をもっている。資本移動の自由化、アジアなどの新興国との競争によって労働者の賃金や社会保障が切り詰められ、すべての国が「底辺への競争(race to the bottom)」に向かう、という俗説は根拠に乏しい。福祉縮減の圧力にたいする各国の対応は異なるうえ、全体として大幅な縮減は進んでいない。ピアソンはその理由として、福祉制度と政治制度のもたらす「経路依存(path dependence)」を挙げる。いったん福祉制度が導入されると、その受益層が生まれる。たとえば年金や医療保険によって保護されてきた人々は、その削減に強く抵抗するであろう。受益層が幅広く、組織されていればいるほど、福祉の縮減は政治的に困難となる。福祉の縮減は、集権的な政治制度をもつ国や、受益層がごく一部に限定された制度においてしか実現しない。実際、福祉国家の解体が叫ばれた八〇年代アメリカのレーガン政権やイギリスのサッチャー政権においても、医療保険や年金の給付抑制は限定的なものにとどまった。主な制度改革は貧困層向けの公的扶助や失業保険において行なわれた。

イギリスやアメリカなどの自由主義レジームが市場をより重視した改革を進めようとしたのにたいし、受益層の幅広い北欧や、中間層向けの手厚い医療・年金が根づいてきた大陸ヨーロッパでは、そもそも九〇年代まで制度改革には手が付けられなかった。このように福祉レジームに応じた受益層の違いは改革の分岐をもたらした。

さらに九〇年代以降の改革においても「経路依存」を観察することができる。国内産業が製造業から情報・サービス業へと転換していくと、フルタイムの仕事に代わってパートタイムや短期の仕事が増えていく。またサービス産業に就労する女性が増えることで、「男性稼ぎ主」型家族は少数となり、共働き世帯、単身世帯、一人親など多様な家族が生まれていく。「ポスト工業化」と呼ばれる新しい産業構造の下では、仕事と家族の両方が変化し、「新しい社会的リスク」が生まれてくる。病気・老齢という「古いリスク」に対応するだけでなく、失業者、非正規雇用者にたいする就労訓練、従来女性が家庭で引き受けていたケア労働（育児、介護）の外部化を進めることが、福祉国家の新しい役割とみなされるようになる。

九〇年代から今日までの福祉レジーム研究では「新しい社会的リスク」への対応が一つの焦点とな

ってきた。社会民主主義レジームは、公的支出を医療・年金から就労訓練、生涯教育、育児・介護サービスなどへとふり向けることで、「新しい社会的リスク」にいち早く対応した。一方、男女の役割分業が固定化されてきた保守主義レジームの国々は、「新しい社会的リスク」への対応の遅れから、若年層・女性の労働市場からの排除、出生率の低下などの問題を抱えることになった。こうした違いは福祉制度のほか、政治制度、政権政党の党派性、統治リーダーの言説戦略などの変数によって比較分析されてきた。

以上をまとめよう。今日までの福祉レジーム研究は、国際的な相互依存の高まりや資本移動の自由化にもかかわらず、国内の福祉制度と政治制度のもたらす「経路依存」によって、その対応が分岐することを明らかにしてきた。これらの研究は、あくまで国境という線引きを前提とし、その枠内においてグローバル化や産業・社会変化がもたらすインパクトを比較考察するものであったと言える。

3　ヨーロッパ社会政策の展開

それでは国境を越えた福祉について、これまでどのような議論がなされてきたのだろうか。この分野について最も蓄積が厚いのは、ヨーロッパの社会政策を対象とした研究領域である。実際これまでの三十年間で、ヨーロッパ統合の進展とともにさまざまな社会的取り決めがなされてきた。一九八六年に調印された単一欧州議定書では労働条件の均質化が定められ、八〇年代後半にはジャック・ドロール委員長のイニシアティブによって、市場統合と雇用・社会政策の両立が模索された。九七年のアムステルダム条約では「社会的排除」への取り組みが明記され、閣僚理事会による「指針」「勧告」を踏まえて、各国が雇用・社会政策の協調をボトムアップ式に進めていく「開放的政策協調（Open Method of Coordination）」と呼ばれる手法が導入された。二〇〇〇年のリスボン戦略では「知識基盤経済」に適合する雇用政策と社会保障の「現代化」が宣言され、就業率の向上、就労訓練・生涯教育の促進、社会的包摂政策などを各国で進めることが合意された。これらは二〇〇九年のリスボン条約でも確認された。

以上の流れを踏まえて「社会的ヨーロッパ」の発展を叙述する研究は数多い。しかしながら、制度の詳細は措いて全体をみるならば、ヨーロッパの社会政策は、かつてフリッツ・シャルプが指摘したように、通貨統合や市場統合という「消極的統合（negative integration）」を補完する水準にとどまり、「積極的統合（positive integration）」には至っていない、という評価が妥当である。(3) グローバル化やヨーロッパ市場統合の進展は、国家による財政や社会政策の自律性を掘り崩してきた。各国は減税、規制緩和、労働市場の柔軟化などを強いられる一方、EUレベルにおいて年金・医療を含めた福祉制度全般を調整する取り組みは進んでいない。(4) とりわけリスボン戦略以後の社会政策は、市場への依存を軽減する「脱商品化」というよりも、人々の労働市場への参入をうながす「再商品化」を目的としている。ブリュノ・パリエによれば、それは「知識基盤経済」への適応や、労働・サービスの自由化とい

う経済的要請に社会政策が従属していることを表わしている。(5)

なぜEUレベルでは市場統合が優先され、社会政策の発展は抑制されてきたのだろうか。デイヴィッド・ベイリーは、およそ三つの理由を挙げている。(6) 一つは、EUの意思決定システムの性質である。EUでは意思決定を集約する機関が存在せず、社会政策も欧州委員会、欧州理事会、閣僚理事会、雇用・社会政策評議会などで断片的な決定が積み重ねられているにすぎない。こうした複雑さのために、労働組合やNGOは意思決定に制度的に関与することができず、その影響力は弱められてしまう。さらに各国が強い拒否権を持っているため、社会政策の分野では最低限の合意しかなされない。加えて「民主主義の赤字」と呼ばれる問題がある。欧州議会の権限が弱く、EUの意思決定に民衆が参与する回路は限られている。多くの取り決めがEU官僚や専門家などエリート間の交渉によって「上から」行なわれ、エリートと民衆とのあいだには大きな断絶が存在する。

二つめは、各国の福祉制度の多様性である。そもそも一九五七年のローマ条約に参加した国々は、経済的水準が近いだけでなく、「保守主義レジーム」と呼ばれる同質的な福祉制度をもっていた。一九七三年にイギリスやデンマークなどが加わると、EUはその内部に「保守主義レジーム」、「自由主義レジーム」、「社会民主主義レジーム」という異質な福祉制度を抱えこむことになった。さらに八〇年代に福祉制度の未発達な南欧諸国（ギリシア、ポルトガル、スペイン）が加わり、二〇〇〇年代にはEUが東欧へと拡大することで、域内の福祉制度の多様性は著しいものとなった。医療・年金などの古い分野だけでなく、ジェンダー間平等などの新しい政策課題においても、共通目標を設定したり、制度を調整することはきわめて困難となっている。

三つめは、共通価値の不在である。ＥＵ内の人々のアイデンティティはいまだ国境の枠内に限定されている。「ヨーロッパ市民社会」が形成されているとは言えず、国境を越えた「連帯」感情は不在である。域内の競争力強化を念頭においた雇用政策と異なり、リスクの共有や再配分を含んだ福祉制度を、なんらかの「連帯」感情抜きに正当化することは困難である。

4　超国家的福祉レジームと国内福祉レジームの相互作用

ここまでグローバル化や産業変化にたいする国内福祉制度の変化、ヨーロッパ社会政策の未成熟という二点について、近年の研究状況を概観してきた。以上を踏まえるならば、国境を越える「福祉レジーム」について語ることは時期尚早であるようにみえる。しかし、エスピン＝アンデルセンの用いた「福祉レジーム」という語の含意を省みるならば、「ヨーロッパ福祉レジーム」の生成を指摘することは不可能ではない。そもそも「福祉レジーム」とは公権力、市場、インフォーマルセクター（家族、職業集団、教会、非営利アソシエーションなど）の組合せを指していた。ヨーロッパでは公権力による福祉政策が未発達である一方、民間の保険市場は国境を越えて急速に発展している。ここで重要なことは、ヨーロッパという水準でのみ社会政策をとらえることではなく、ヨーロッパ大の保険市場発展と国内福祉レジーム変容との相互関係から、新たな「福祉レジーム」の生成をとらえることである。

ジョン・クヴィストとユホ・サーリは、二〇〇〇年代の十年間で、ヨーロッパ統合が「消極的統合」を超える新たな段階に入った、と指摘している。(7) 労働者の移動の自由化、社会サービスや医療サービスの自由化の進展は、いわゆる「社会的ツーリズム」(よりよい社会給付やサービスを受けられる国へと労働者が移動すること)や「社会的ダンピング」(社会的コストのより少ない国へと企業が移動すること)への対応を焦点化した。域内財政規律の強化は、各国の福祉政策をより直接的に拘束するようになっている。もはや国内の福祉政策は、ヨーロッパ統合との相互関係においてしか考察できない。彼らは各国の規模、福祉制度、EUへの加入時期、政治的伝統、経済的競争力という五つの変数に応じて、ヨーロッパ統合の進展が、国内制度に異なるインパクトを与えていることを指摘し、その相違を比較分析している。

ヨーロッパ福祉レジームと国内福祉レジームの相互作用にかんする研究はまだ始まったばかりである。従来の研究が指摘してきた国内制度の「経路依存」を超えて、いかなる制度変容が生じているのかを明らかにするためには、各国の制度構造と制度変容のアクターを考慮に入れたモデルを発展させる必要がある。この点についてこれまで最も包括的な研究を行なっているのはマウリツィオ・フェレーラ(Maurizio Ferrera)である。以下では節を変えて、フェレーラの議論の骨子を見ておきたい。

5　フェレーラの理論モデル

フェレーラは『福祉の境界――ヨーロッパ統合と社会保護の新たな空間政治』（二〇〇五年）において、ヨーロッパ統合の進展による福祉国家の境界線の変容を主題にすえている。(8) 彼はそこでシュタイン・ロッカンの「社会的亀裂」論とアルバート・ハーシュマンの「退出・発言・忠誠」モデルを援用し、自らの議論を組み立てている。ここでは社会的亀裂論に焦点をあわせ、彼がヨーロッパ福祉レジームと国内福祉レジームの相互作用をどのように分析しているのかを検討しておきたい。

（1）社会的亀裂と福祉国家の形成

フェレーラの議論の第一の特徴は、ロッカンの社会的亀裂論を福祉国家形成論へと応用することである。まずロッカンの理論を簡略に整理しておこう。ロッカンによれば、国民国家の境界線は、浸透（中心の形成）→標準化（領域の確定）→参加（政治参加の拡大）→分配（社会権の発展）という四つの段階を経て固定化されていく。境界の固定化の過程では、それぞれの国内において、国民化と産業化という二つの契機に応じた社会的亀裂が埋め込まれる。第一に、国民形成に関連しては、中心・周辺、教会・国家という二つの亀裂が挙げられる。中心・周辺関係とは、国家形成期において、エスニック、言語、宗教にかかわる支配勢力と従属勢力の対立がどの程度存在したのかを指す。教会・国家関係とは、宗教改革によるプロテスタント、カトリックの対立、十八世紀以降の宗教勢力と世俗国家との対立をさす。たとえばローマ・カトリック教会に近いイタリア地域では、教会勢力の影響力が強く、統一国家の形成が遅れた。フランスでは、フランス革命以降も教会勢力と世俗国家の対抗が続き、イギリスでは教会が国家に従属して国教会制度が成立した。一方、産業化にかんしては、一次産業と二次産業の亀裂に加え、十九世紀には労働と資本の亀裂が生まれる。ロッカンはこれらの社会的亀裂が「凍結」することで、一九六〇年代までのヨーロッパ諸国の政党システムが規定された、と論じる。

フェレーラはロッカンの理論モデルを福祉国家の形成へと援用し、その分岐を説明しようとしている。第一に、周辺にたいする中央の統制が強く、国家が教会勢力に優越した（ローマ・カトリック教会からの距離の遠い）イギリスや北欧諸国では、社会的亀裂が少数にとどまり、国家の管理する社会保険に国民全体が加入するという普遍主義的な制度が作られた。一方、国家と教会、宗派間の対立が埋め込まれ、周辺地域が中心にたいして自律性をもっていた大陸ヨーロッパ諸国では、多様な社会的亀裂に応じた分立的な制度が導入された。

第二に、基礎的な公的保険（医療・年金）が導入されたのちの一九五〇〜六〇年代には、給付水準を引き上げるための所得比例型の付加保険導入が政治的争点となっていく。その経路の違いは、労働・資本を中心とする階級的亀裂のあり方によって説明される。労働者勢力が強く、ホワイトカラー

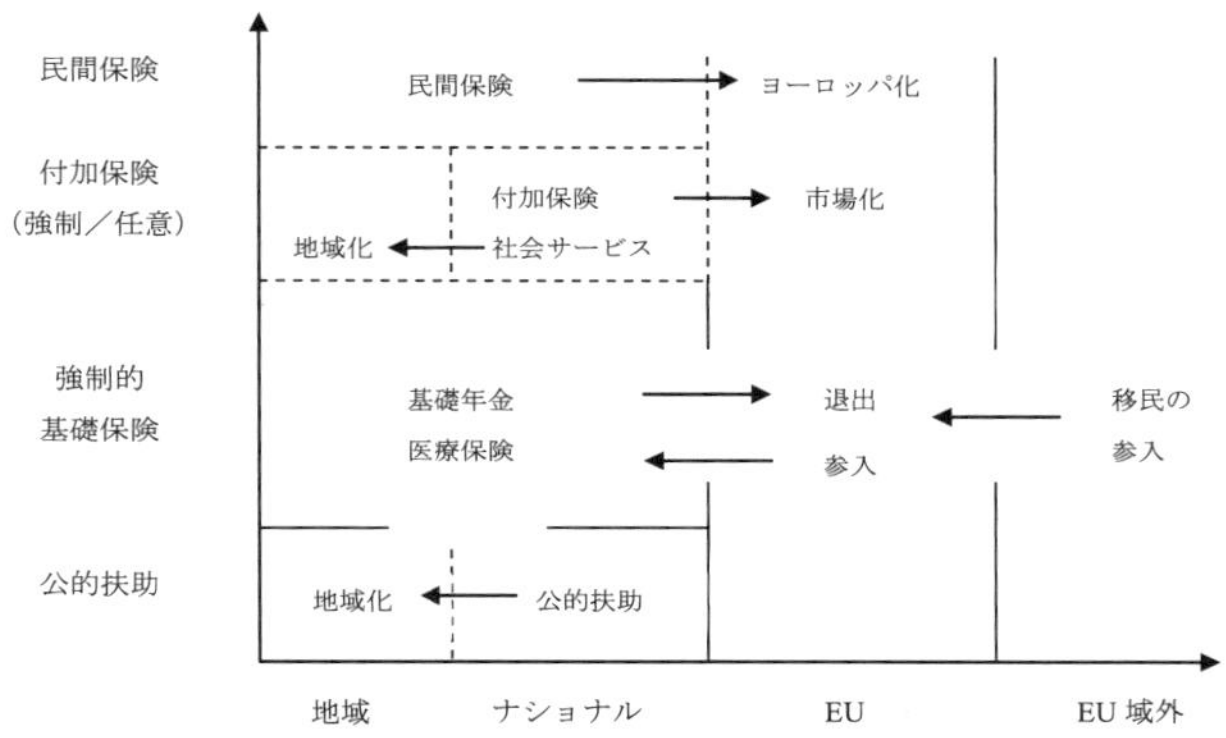

図 1　超国家的福祉レジームと国内福祉レジームの相互関係
（Ferrera, *The Boundaries of Welfare*, p. 211 より筆者作成）

層との連携が実現したスウェーデンでは、公権力の管理の下で強制加入の付加年金が導入された。フランスでも、労使協調（コーポラティズム）の伝統の下で、職域別ではあるが強制加入の公的付加年金が導入された。一方、労働者勢力が主導権を握れなかったイギリスやオランダでは、企業・職域ベースの付加年金が導入され、一部では民間保険への離脱も認められた。

（2）境界線の変容

一九七〇年代以降、グローバル化とヨーロッパ市場統合が進むなかで福祉レジームの境界線も変容していく。フェレーラの議論の第二の特徴は、福祉レジームの再編を公的扶助、強制的基礎保険、付加保険（強制／任意）、民間保険という四つの重層的制度に分けて考察し、それぞれのメカニズムの違いを明らかにしていることである（図1）。

第一に、公的扶助は、歴史的に国家のメンバーシップを規定する最も根源的な制度であった。労働者の移動の自由化にもかかわらず、労働義務と直接関係しない公的扶助は、ながらく国家のメンバーシップと結びついてきた。しかし近年では、国境の変容に応じて二つの方向で変化が見られる。一つは社会的包摂政策と結びついた公的扶助改革が行なわれ、その管理権限や財源が地域へと移行していくことである。もう一つは、二〇〇四年のヨーロッパ裁判所指令によって、国外からの移民にも、五年間の居住ののちに扶助権が認められるようになったことである。

第二に、強制的な公的基礎年金や基礎的医療保険は、国民全体が加入するリスク共有の仕組みであり、国家への忠誠（loyality）や国民感情を涵養する基本的な制度でありつづけてきた。近年では、イギリスのように基礎保険から付加保険への「退出」を認める国も一部であるが、多くの国では強制加入を維持して付加保険・民間保険への「退出」を認めず、そのメンバーシップは国内に限定されている。しかし二〇〇〇年にニースで締結された「基本権憲章（Charter of Fundamenal Rights）」によって、EU内外からの移民にたいしても基礎保険への加入権が認められることになった。

第三に、一九五〇年代から発展してきた付加保険（医療・年金）には、強制加入、任意加入、公的管理、労使管理、共済などさまざまな形態がある。付加保険は多くの国で法的に規定されたものというよりも、当事者間の「契約上の合意」に基づくものとされてきた。九〇年代に入ると、国境を越えた民間保険会社のロビイング活動などを背景として、付加保険の公的性格が問い直され、民間保険への「退出」を認めたり、EU単位の制度への加入自由化を認める動きが加速している（二〇〇三年欧州委員会指令）。一方、保育・介護・医療などの社会サービス、雇用政策は、先に述べたようなEU指令を受ける一方で、その担い手は地域へと移行している。

第四に、民間保険にかんしては、サービス自由化とともにヨーロッパを単位とした市場が形成され、その集中化も起きている。

（3）各国の分岐と社会的亀裂の「解凍」

以上のように、国内で重層的に構築されていた福祉レジームは、ヨーロッパ統合の進展にあわせてその一部が「ヨーロッパ化」し、国内的・超国家的制度の組合せによる新たなレジームへと変容を遂げつつある。フェレーラの議論の第三の特徴は、こうした境界線の変容にあわせて従来国内に閉じ込められてきた社会的亀裂が「解凍」し、レジーム再編のあり方を分岐させている、と指摘することである。

第一に、公的扶助にかんしては、先に述べたように地域化が進んでいる。国家の境界線のゆらぎとともに、国内に埋め込まれてきた中央・周辺の社会的亀裂が顕在化し、地域ごとに対応が分岐する可能性がある。すなわち中央にたいする周辺地域の自律性が強い国々では、「新しい地域主義」や民族主義が台頭し、とりわけ移民の扶助受給権をめぐって、排外主義や極右運動が激化する可能性がある。

第二に、公的基礎保険と付加保険の組合せは、国家・教会関係、一次産業・二次産業、労働・資本という社会的亀裂に応じて国ごとにさまざまであった。このうち基礎保険の比重が小さく、企業や職域集団の管理する付加保険の比重が大きかったオランダやイギリスでは、付加保険の市場化と「ヨーロッパ化」の影響は比較的小さいと推測される。一方、基礎保険が大きな比重を占め、付加保険も公的制度の枠内にとどめられてきたスウェーデンやフランスでは、付加保険の自由化・ヨーロッパ化は、大きなレジーム変容や社会的対立を引き起こす可能性がある。たとえばフランスでは、九〇年代に民間の積立年金を導入するにあたって、官僚・労使団体と民間保険団体などの対立が生じ、加入できる年金基金を国内のものに限定するなどの修正がなされた。スウェーデンでも付加年金基金の海外投資をめぐって九〇年代に大きな論争が展開された。

(4) 新しい福祉政治

以上のように、フェレーラの研究は、ヨーロッパ統合と国内福祉レジームの相互作用のなかで、国内制度の一部が市場化・「ヨーロッパ化」し、福祉の境界線が変容しつつあることを明らかにした。さらにこの過程で、従来の福祉レジーム研究で着目されてきた労使の階級的な権力関係だけでなく、国民国家の形成期に埋め込まれてきた多様な社会的亀裂——中央・周辺(エスニック、言語)、国家・教会、一次産業・二次産業、労働・資本——が「解凍」し、国ごとに異なるアクター間の対抗が浮上することで、レジーム再編をめぐる「新しい福祉政治」が展開しつつあることを示した。

6　福祉レジーム研究の課題

この小文では、これまでの福祉レジーム研究が国境という枠組みを前提として発展してきたことを指摘した。福祉拡張期の階級政治による「レジーム」分岐、福祉縮減期の「経路依存」による対応分岐を比較することが、従来の研究の主流であった。一方、ヨーロッパ社会政策にかんしては、それが市場統合と「知識基盤経済」への適応を目的とした雇用・社会的包摂政策に限定されており、各国の主要な福祉制度の調整は進んでいないことを指摘した。

これらにたいして、新たな研究潮流は、ヨーロッパ統合の進展と国内福祉レジーム変容の相互作用を主題にすえている。この相互作用の過程で国境のなかに閉じ込められてきた制度の一部がヨーロッパ市場へと取り込まれることで、国境を横断した重層的な福祉レジームが構築されつつある。フェレーラの研究で注目すべきは、その過程で階級関係にとどまらないさまざまな社会的亀裂が浮上し、国ごとに異なるアクターによって「新しい福祉政治」が展開されつつあることを明らかにした点にある。

今後の福祉レジーム研究は、国内制度と超国家的制度の相互関係を視野に含め、新たなアクターの対抗を分析するモデルを発展させる必要がある。フェレーラのモデルはその手がかりを提供しているが、各国の実情に合わせたさらなる検証を必要としている。さらに理論的にもいくつかの課題を残している。一つは、福祉レジームの変容が、もっぱらヨーロッパ市場統合にともなう付加保険・民間保険の「ヨーロッパ化」・市場化という文脈でとらえられていることである。言い換えれば、市場統合の国内制度へのインパクトが主題にすえられる一方で、国内福祉制度がヨーロッパ統合にどう影響を及ぼすのかは、あまり考察されていない。長期的にみれば、両者の相互作用は、市場統合の先にどのような「ヨーロッパ社会モデル」を目指すのかという問いをめぐる対抗軸を生み出していくはずである。

もう一つは、古い社会的亀裂と新しい社会的亀裂の関係についてである。国境の変容は、フェレーラの指摘するように、国内に埋め込まれてきた伝統的亀裂を「解凍」させ、浮上させるだけではない。民間セクターと公共セクター、国内保護産業と輸出産業、ジェンダー関係など、しばしば国境を横断した新たな亀裂も生み出す。古い亀裂と新しい亀裂を組み合わせることで、「新しい福祉政治」を担うアクター間の対抗をより包括的にとらえることができるだろう。

(1) イエスタ・エスピン＝アンデルセン『福祉資本主義の三つの世界——比較福祉国家の理論と動態』岡沢憲芙、宮本太郎監訳、ミネルヴァ書房、二〇〇一年。

(2) Paul Pierson, *Dismantling the Welfare State?: Reagan, Thatcher, and the Politics of Retrenchment*, Cambridge University Press, 1994.

(3) Fritz W. Scharpf, “Negative and Positive Integration in the Political Economy of European Welfare States,” in Martin Rhodes and Yves Mény, *The Future of European Welfare: A New Social Contract?*,

Macmilan, 1998, pp. 155-177.

（4）Paul Pierson and Stephan Leibfried eds., *European Social Policy: between Fragmentation and Integration*, Brookings Institution, 2000; Fritz W. Scharpf, “The European Social Model: Coping with the Challenges of Diversity,” *Journal of Common Market Studies*, 40 (4), 2002, pp. 645-670.

（5）Bruno Palier, “Europe et l’Etat-providence,” *Sociologie de travail*, no. 51, 2009, p. 530.

（6）Bailey, David J., “Explaining the Underdevelopment of ‘Social Europe’: a critical realization,” *Journal of European Social Policy*, no. 18, 2008, pp. 231-245.

（7）Jon Kvist an Juho Saari eds., *The Europeanisation of Social Protection*, Polity Press, 2007, p. 230ff.

（8）Maurizio Ferrera, *The Boundaries of Welfare: European Integration and the New Spatial Politics of Social Protection*, Oxford University Press, 2005.

［参考文献］

中村健吾『欧州統合と近代国家の変容――ＥＵの多次元的ネットワーク・ガバナンス』昭和堂、二〇〇七年

Maurizio Ferrera, *The Boundaries of Welfare: European Integration and the New Spatial Politics of Social Protection*, Oxford University Press, 2005.

Francis G. Casteles et al. eds., *The Oxford Handbook of the Welfare State*, Oxford University Press, 2010.

リスボン戦略の十年でＥＵはどう変わったか——金融によって支配される蓄積レジームの危機

中村健吾

1　リスボン戦略完結の年

二〇一〇年は、ＥＵによるリスボン戦略が完結を迎える年であった。リスボン戦略とは、二〇〇〇年三月のリスボン欧州理事会において決定された、二〇一〇年までのＥＵによる中期発展戦略のことである。この戦略は、「より多くのよりよい仕事とより高い社会的結束とをともなう持続可能な経済成長を達成しうる、最も競争力に富み、かつ最もダイナミックな知識基盤型経済」を十年間で実現するという野心的な目標を掲げていた（リスボン欧州理事会の議長総括）。この目標設定からすでに読みとれるように、リスボン戦略は一方では欧州規模の自由化と規制緩和を促進して欧州経済の競争力強化をめざしつつ、他方では貧困や社会的排除と闘い「社会的結束」の向上を追求するという二つの柱によって支えられていた。

前者の自由化という柱においては、欧州委員会が一九九九年に発表した「金融サービスに関する行動計画」の実施（一九九九―二〇〇五年）が中心をなしていた。この計画は、単一通貨ユーロの導入後にあってもなお、金融サービスに対する規制や監督の仕方が加盟国ごとに異なっている状態を改めて、金融サービスに関する欧州単一市場の完成をめざすものであった。

他方、リスボン戦略のもうひとつの柱である貧困および社会的排除との闘いにおいては、「欧州社会モデルの近代化」が謳われていた。「欧州社会モデル」とは、市場での自由な競争と高水準の社会保障とを両立させることのできる社会像を指している。だが、グローバル化の時代において、競争と社会保障とをこれまでのような仕方で両立させつづけることはできなくなった。したがって、問われているのは「欧州社会モデルの近代化」である。すなわち、経済成長をうながすような仕方で社会保障のあり方を改革することが必要だというわけである。ここには、自由競争のみを重視するアメリカ型の社会発展モデルからは距離をとろうとするEUの姿勢が示されていた。

ところが、経済競争と社会的結束とを両立させようとしたはずのリスボン戦略は、いわゆるコック報告（二〇〇四年十一月）による中間評価を経て大きな修正をこうむった。コック報告とは、オランダの元首相ウィム・コックを座長とする評価機関が出した報告書（「試練に向き合う」）のことである。同報告は、現状のままではリスボン戦略の諸目標が達成困難であると指摘したうえで、目標を「成長と雇用」に絞り込むことを提言した。リスボン戦略は「より多くのよりよい仕事」を創出すると謳っていたが、コック報告はそれを事実上「より多くの仕事」へと切り詰めた。そして、同報告は「より多くの雇用」を労働市場のフレキシブル化によって生み出すことを説いたのだった。二〇〇五年三月の欧州理事会はこのコック報告を受けて、「成長」実現のための方策としては、投資をうながすための規制緩和、サービスに関する共通市場の仕上げ（いわゆる「ボルケンスタイン指令」）、政府補助金の削減といった新自由主義的な方向性を打ち出した（「修正リスボン戦略」）。同理事会はまた、マクロ経済政策とミクロ経済政策と雇用政策の「指針」を束ねた「統合指針」を策定し、雇用政策を緊縮財政基調の経済政策に従属させることを決定した。リスボン戦略から社会的結束の要素が抜け落ちてしまったわけではないにせよ、この要素は経済競争の論理に適合するような形態へと変質させられたのである。コック報告が「社会的排除」という語を一度も使用しなかったことは、偶然ではない。

はたして、リスボン戦略を実行した十年でＥＵはどのように変わったのだろうか。「競争」と「社会的結束」とを両立させうるような新しい社会モデルを、ＥＵは見いだすことができたのか。

2　金融によって支配される蓄積レジームの浸透

リスボン戦略のもつ「自由化」の側面が招いた帰結は、いまだに出口の見えない金融・経済危機である。

二〇〇八年九月のリーマン・ショックを引き金とするアメリカ発の経済危機はただちに欧州へと波及し、ドイツ、ベルギー、イギリス等では金融機関の国有化が相次いだ。二〇〇五―〇七年にＥＵに加盟した中・東欧諸国はいずれも急激な資本逃避と通貨安に見舞われ、EUに対して緊急融資を仰いだ。

そして二〇〇九年十月以降には、ギリシャ政府が対GDP比一二・七%にのぼる財政赤字を発表したことがきっかけとなって、ギリシャの国債はもとより、ギリシャと同様に赤字体質をかかえるスペインやポルトガルなどの南欧諸国の国債までもが金融市場で売り叩かれた。危機を誘発したのは、ギリシャ国債の格付けを一挙に下げた欧米の格付け会社である。これにより南欧諸国政府の資金調達が困難になり、単一通貨ユーロの相場も下落した。金融市場とEUからの圧力を受けたギリシャ政府は、公務員の削減と賃下げ、年金支給開始年齢の引上げ、タバコ税や酒税の増税など、市民の犠牲のうえに財政再建を急ぐ計画を発表した。

実はイギリスもギリシャと同様に対GDP比一二%を超える財政赤字をかかえている。それにもかかわらず、ユーロを導入していないイギリスはEUの安定・成長協定にもとづく命令や制裁を受けることがないし、その国債が金融市場による投機の標的にされてもいない。南欧諸国の「危機」は、金融市場とEUによって増幅され誇張された面がある。

ともあれ、「危機」はついに、ギリシャへの財政支援のためにEUがIMFに対し融資を要請するという事態にまでいたった（南欧諸国の「南米化」）。アメリカ発の経済危機の影響が日本よりも欧州で深刻な様相を呈していることに、意外な印象をもたれた読者も多いかもしれない。アメリカ型の経済・社会モデルに対して、EUは日本よりもはるかに警戒的であったという印象が強いからである。

しかし、ＥＵにおける危機の深刻さはなんら驚きに値いしない。なぜなら、先述した「金融サービスに関する行動計画」によって導かれながら、欧州の金融市場やコーポレート・ガバナンスの構造はアメリカ型のそれへと接近していったからであり、その接近の度合いは日本よりも大きいからである。「金融サービスに関する行動計画」は、国境を越え、かつまた高いリスクをもともなう金融サービスの競争と取引をうながすことで、企業等による資本調達のコストの軽減、コーポレート・ガバナンスに対する金融市場による監視、ハイリスク・ハイリターンの金融商品の流通、年金積立金の金融市場への開放をめざすものであった。この「行動計画」は計四十二もの措置から成り立っているが、そのなかで今回の経済危機と密接に関連するものが二つある。ひとつは、投資信託に関する一九八五年の指令を改訂した二〇〇二年の指令（ＵＣＩＴＳ―Ⅲ）である。一九八五年の指令はＥＣ（欧州共同体）域内に共通する投資家保護基準を定めたものであり、その保護基準に準拠しつつ或る加盟国で認可された投資信託を他の加盟国でも販売登録することを許可した。そして二〇〇二年の指令は、この保護基準を満たしている金融デリバティブや債務担保証券（ＣＤＯ）へのトランスナショナルな投資をも可能にした。これにより、リスクの高い金融商品が国境を越えて取引されるようになった。

もうひとつの措置は、二〇〇三年から施行された「企業年金制度の活動と監督に関する指令」である。これにより、年金積立金を為替取引や金融デリバティブに投資することが認可され、ヘッジファンド等による資金運用が刺激された。

ＥＵによる以上のような政策展開を受けて、欧州大陸の銀行は伝統的な商業銀行業務からアメリカ型の投資銀行業務へと活動の比重を移した。ドイツの大銀行について見ると、金融デリバティブ等の証券取引業務にあてられる資産額が総資産額に占める割合は、ドイチェ・バンクでは二〇〇〇年の三〇・九％から二〇〇六年の四五・九％へ、ドレスデナー・バンクでは二〇〇〇年の二一・四％から二〇〇七年の三二・〇％へと増大している。これに類似した傾向は、ドイツほどではないにせよフランスの銀行においても観察される。(1) サブプライム住宅ローン債権を組み込んだＣＤＯの損失による投資銀行の破綻がアメリカ発世界経済危機の誘因であったことはよく知られているが、二〇〇八年十月時点での調査によれば、約百四十兆円にのぼるサブプライム・ローン関連証券のうちの半分近くを欧州が保有していたという。(2)

変化したのは銀行業務のあり方だけではない。大規模で流動的な金融市場が形成されるなら、株式を通じて企業の経営権も商品化され、市場で取引されるようになる。欧州企業のコーポレート・ガバナンスもまた、金融市場からの圧力にさらされるアメリカ型のそれへと変容していったのである。ここにおいて重要な役割を演じたのが、欧州委員会の策定した「会社法を近代化しコーポレート・ガバナンスを向上させる」行動計画（二〇〇三年）であり、この計画に沿って決定されたテイクオーバー指令（二〇〇四年）をはじめとする一連の指令である。これらの指令は、二〇〇一年に決定された「欧州会社定款」と相まって、加盟国の会社法の接近をうながし、経営・資産情報の開示を企業に迫ることで、投資家による企業株の取引を容易にする環境を作り出した。その結果、二〇〇〇年代の半ばに、欧州における敵対的テイクオーバーの規模はアメリカのそれを凌駕するにいたった。(3)

かつて私は、「トランスナショナルな金融主導型蓄積レジーム」が欧州において形成されつつあることを指摘しておいた。[4] それは、グローバル化とＥＵの単一市場プログラムからの圧力を受けて、アメリカ型の蓄積レジームが欧州にも浸透しつつあるという仮説であった。レギュラシオン学派のロベール・ボワイエは「金融主導型成長レジーム」という概念を提起したが、「経済の金融化」現象に着目するポスト・ケインジアンやネオ・グラムシ派の論者の多くが、いまではボワイエよりもさらに踏み込んで「金融によって支配される蓄積レジーム（a finance-dominated accumulation regime）」という語を使うようになっている。こうした蓄積レジームの欧州への浸透はかつては仮説の域を出なかったけれども、いまではそれが現実のものとなっているばかりでなく、リーマン・ショック以降の金融・経済危機によってこの蓄積レジームの不安定性が白日のもとにさらされたのである。「資本主義の多様性」理論が主張するような、アメリカ型の「自由な市場経済」とドイツ型の「コーディネートされた市場経済」という硬直的な対比図式[5]は、ますます現実にそぐわなくなっている。

３　フレキシキュリティか、それとも積極的な社会的包摂か

では、リスボン戦略のもうひとつの柱をなす「社会的結束」戦略の到達点はいかなるものであろうか。ここではそれを、雇用政策と社会的包摂政策とに大別して概観しておこう。

先述したように、ＥＵの雇用政策の指針は修正リスボン戦略によって経済政策の指針へと統合された。そして、二〇〇五―一〇年の「統合指針」において提示され（第二十一指針）、欧州委員会が近年とくに力を入れて政策調整に乗り出しているのが、「雇用のフレキシキュリティ（flexicurity）」の追求にほかならない。

「フレキシビリティ」と「セキュリティ」とを結びつけた「フレキシキュリティ」という造語はもともと、一九九五年にオランダで労働者派遣法と「フレキシビリティ・セキュリティ法」とを準備する過程において、同国の社会学者であるハンス・アドリアーンセンが最初に使用したと言われている。そしてフレキシキュリティとは、最も一般的な定義によれば、「労働市場のフレキシビリティと、とくに労働市場の内部と外部の弱い集団に対する保障（雇用の保障、社会保障）とを同時に意図的に高めようとする政策戦略」を指す。つまり、労働市場の規制緩和によって不安定な非典型的雇用が生み出されるが、雇用のチャンスを高め失業時の社会保障を充実させることで、その不安定さを補おうとするのが、本来のフレキシキュリティのアプローチだといえる。オランダとならんでデンマークもまた柔軟な労働市場と高い就業率とを兼ね備えているので、これら両国がフレキシキュリティの模範生としてよく引合いに出される。

二〇〇七年十二月の閣僚理事会と欧州理事会は、欧州委員会が提案した「フレキシキュリティの共通原則」を承認し、加盟国がそれぞれの国内事情に応じてフレキシキュリティを追求することを決定した。欧州委員会は、この「共通原則」を提案した文書「フレキシキュリティの共通原則をめざして」において、解雇をあまりにも硬直的に規制している雇用保護法制が新規雇用の創出を妨げ、無期限雇用（インサイダー）と期限付き雇用（アウトサイダー）という労働市場の分断を生んでいること、そして緩やかな雇用保護法制と適切な水準の失業手当と積極的労働市場政策を組み合わせるほうが雇用のセキュリティは高まることを指摘しながら、フレキシキュリティを「労働市場におけるフレキシビリティとセキュリティとを同時に高める戦略」として「定義」した。

重要なのは、欧州委員会がオランダでの議論をほぼそのまま受容しながら、「仕事のセキュリティ(job security)」と「雇用のセキュリティ(employment security)」とを区別して、フレキシキュリティのアプローチでいうセキュリティとは後者の「雇用のセキュリティ」を指すと述べている点である。そのさい、「仕事のセキュリティ」は同じ就労先と同じ仕事にとどまりつづけることを意味するのに対し、「雇用のセキュリティ」とは人生の各段階において「仕事を容易に見つけることのできる可能性」を意味しているとされる。要するに「雇用のセキュリティ」とは、解雇されてもすぐに次の仕事が見つかる見込みがあるということである。したがって、ＥＵにおける「雇用のセキュリティ」の追求においては、技能取得のための訓練をはじめとする就労アクティベーション（活性化）政策が重視されることになる。

欧州委員会によるフレキシキュリティの理解は、二つの重要な問題点をはらんでいる。第一に、少なくともオランダの研究者によるセキュリティの理解には、雇用のセキュリティだけでなく、転職期間における所得保障をふくむ社会保障がふくまれていたが、ＥＵによるこの概念の理解においては、社会保障の要素が大幅に抜け落ちて、就労アクティベーションが前面に押し出されている。第二に、欧州委員会は加盟国における解雇規制の厳格さが就業率を低める原因であるかのように論じているが、フレキシキュリティの模範生として称揚されるオランダの解雇規制は実は強い。(6) かつまた、非典型雇用の多さと就業率の高さとのあいだに有意な相関関係は見いだされない。(7)

他方、貧困や社会的排除に対抗するための社会的包摂戦略は、コック報告を転機にしてリスボン戦略における重点課題のリストから外されるおそれもあった。しかし、危機感をいだいた欧州レベルの社会的NGOによる活発なキャンペーンとロビー活動が功を奏して、社会的包摂戦略は修正リスボン戦略のなかに辛くも命脈を保つことができた。(8)

修正リスボン戦略における社会的包摂の戦略は、雇用戦略の欠損を補うような仕方で組み立てられている。すなわち、二〇〇六年三月の欧州理事会をふまえて決定された「貧困と社会的排除を除去する」ための政策領域における「目標」は、次の三点を掲げている（傍点は引用者）。

①社会への参加を実現し、排除に取り組むとともにそれを予防し、排除へと導くあらゆる形態の差別と闘うために必要な、資源、権利、サービスへの万人のアクセス。

②労働市場への参加を促進し、かつまた貧困および排除と闘うことで、万人の積極的な社会的包摂［を実現する］。

③社会的包摂の政策が良好に調整され、貧困な状態に置かれている人びとをふくむ関連する行為

主体とすべてのレベルの政府が政策に関与することを〔中略〕保証する。

右の三つの目標においてまず注目に値いするのは、「社会への参加」と「労働市場への参加」が区別されていることである。コック報告がそうであったように、「社会的包摂」はＥＵにおいてはときに「労働市場への包摂」に還元されてしまうことがあるが、ここではそうなっていない。この点はきわめて重要である。なぜなら、職業教育や職業訓練だけでは通常の労働市場において仕事を見つけられない人びとは社会に広く存在しており、そういう人びとは、ＥＵの雇用戦略が強調してきた「就労能力（employability）」の向上以前に、読み書き能力の欠如、精神的または肉体的な病、薬物またはアルコールへの依存といった問題をかかえているからである。

ＥＵが「労働市場への参加」とは区別される「社会への参加」を語るようになったのはおそらく、就労を重視するアクティベーションの普及だけでは、「仕事が見つかる見込みのない人びと」に対する社会的排除を克服できないということを、欧州委員会などが認識するようになったからであろう。「ＥＵ内の労働者の八％は貧困のリスクにさらされているので、雇用それ自体は必ずしも貧困に対する安全保障であるとはかぎらない」という欧州委員会の主張[9]は、就労アクティベーションのもつ限界を同委員会が自覚していることを物語っている。

こうして、雇用戦略だけでは達成されえない「社会への参加」（社会的包摂）をうながすために、政策の次元にまで具体化されていないとはいえ欧州委員会の周辺で議論されはじめているのが、「積極的な社会的包摂」というアプローチである。欧州委員会によれば「積極的な社会的包摂」とは、「アクティベーション政策と社会的包摂政策とを結合した包括的な政策アプローチ」である。それは具体的には次の三つの要素から成り立っている。

①雇用機会または職業訓練による労働市場へのつながりの確保〔アクティベーション〕。

②人びとが尊厳ある生活を送るのに十分な水準の所得補助〔最低限所得保証〕。

③個人とその家族が主流の社会に入るうえで直面しているいくつかのハードルを除去するのを手助けし、そうすることで彼らの雇用への再参入を支援するようなサービスへのアクセスの改善。

欧州委員会は、これら三つの要素のいずれかひとつにのみ特化しようとするアプローチを批判している。すなわち、労働市場への統合のための積極的な支援を欠くなら、最低限所得保証の制度は人びとを貧困と長期的な福祉依存の罠に陥れてしまう。適切な所得補助がなければ、積極的労働市場政策は広範な貧困を防止できない。そして社会的なサービスや支援がなければ、就労能力が乏しい人へのアクティベーションは効果を生まない。したがって重要なのは、各個人が置かれた生活状況に応じて右の三つの要素を適切に結びつけることである。私はこうしたアプローチを、「社会的包摂のためのトライアングル・アプローチ」と呼んでいる。

ＥＵ加盟国において一九九〇年代以降に普及した、福祉を勤労の対価とするワークフェア・アプローチ、あるいは就労アクティベーション・アプローチの反省の上に立った欧州委員会のこうした提言は、なるほど歓迎されるべきものである。しかし、この「積極的な社会的包摂」という考え方はＥＵの高位の政策決定者にまで浸透してはいない。ＥＵの社会政策における主流のアプローチはやはり、金融によって支配される蓄積レジームに適合的な「フレキシキュリティ」の追求にある。

4　欧州憲法条約からリスボン条約へ

リスボン戦略が新自由主義へといっそう傾斜していった過程と併行して、ＥＵではもうひとつの重大な変化が起きた。それは、欧州憲法条約がリスボン条約へと変質していったことである。

欧州憲法条約は、ジスカール＝デスタン元フランス大統領を議長とし、欧州議会や加盟国議会の議員のみならずＮＧＯの代表者等も加わった「欧州協議会」を通じて起草され、その起草過程が逐一ＥＵのホームページやマスメディアによって伝えられただけでなく、欧州各地で条約草案に対する市民へのヒアリングも不十分ながら行なわれた。それは、外交官による密室審議のなかで作られたそれまでの条約よりも、市民に対して相対的に開かれた方法で起草された。そして、欧州憲法条約はまがりなりにも八カ国での国民投票を経て発効することになっていた。

しかし、欧州憲法条約は周知のとおり二〇〇五年のフランスとオランダでの国民投票によってあいついで否決されたため、発効の道を絶たれた。起草過程が相対的に開かれていた欧州憲法条約ですら、EUと市民との溝を埋めはしなかったのである。これに懲りたEUの首脳部は二つの選択をした。ひとつは、欧州憲法条約に代わる新条約の批准過程を市民による承認から遠ざけることであり、もうひとつは、新しい基本条約からその名称をふくめて「憲法」としての色彩を払拭することである。このため、欧州憲法条約に挿入されていたEU旗やEU歌に関する規定と「EU基本権憲章」は、「憲法」を髣髴とさせるという理由で新条約の本体から削除された。これら二つの選択の結果として生まれたのが、二〇〇七年末に調印されたリスボン条約であった。リスボン条約は、政治的に換骨奪胎された欧州憲法条約の残骸である。

欧州憲法条約はリスボン条約と同様に、A4サイズで四百ページという膨大な分量にのぼった。しかし、「憲法」という名称にふさわしく、同条約の条文の一つひとつは市民にも理解可能なものであったし、その第II部には「EU基本権憲章」が置かれていて、市民の基本権と人権が列挙されていた。ところが、新条約が「憲法」の体裁を帯びると、これが市民のあいだでの議論に発展することを恐れたEUの首脳たちは、従来のEUの基本条約と同様にリスボン条約に対しても〈既存の条約を改正する条約〉という形式をあたえた。その結果、リスボン条約は、もろもろの条約に精通したEU法の専門家にしか理解できない官僚制的な条文の羅列となった。それは、同条約を国民投票にかけた唯一のEU加盟国であるアイルランドの駐日大使ですら、「私が読んでもわからない」と告白するほど複雑怪奇な代物になってしまった（二〇〇九年九月三十日付「毎日新聞」）。投票を実施する側の人間が「わからない」と言っているものに賛成を呼びかける「国民投票」は、為政者が自らの政策への大衆的支持を調達するために実施するプレビシット（plebiscite）ではあっても、民意の下からの表明であるレフェレンダム（referendum）とはなりえない。

フランスの左派が強く批判していたとおり、欧州憲法条約Ｉ—三条は、「自由で歪みのない競争をともなう域内市場」の提供をＥＵの「目標」のひとつとして規定していた。しかし、フランスでの国民投票の結果を受けたニコラ・サルコジ大統領の主張により、「自由で歪みのない競争をともなう」という文言はリスボン条約から削除された。その結果、政治的規制を欠く自由市場の教義が憲法上の原理にまで格上げされるという事態は回避された。これは、リスボン条約が欧州憲法条約に比して有しているほとんど唯一の利点であると言ってよい。ところが、この唯一の利点ですら、リスボン条約に添付された「域内市場と競争に関する議定書」によって相殺されている。なぜなら、この議定書は、「ＥＵ条約第三条に記されている域内市場には、競争を歪みから保護するシステムがふくまれる」と規定し、この規定に沿う権限をＥＵに付与するとしているからである。いったんは取り払われたかに見えた新自由主義的な規定は、「議定書」という裏口を通ってＥＵの基本条約のなかに忍び込んだのである。

リスボン条約は、二〇〇九年十一月のアイルランドにおける二回目の国民投票で可決されたことを受け、同年十二月に発効した。実は、二〇〇八年六月の第一回目の国民投票は同条約を反対多数で否決している。それ以来、条約の中身はなにも変更されていないにもかかわらず、軍事的中立、妊娠中絶の禁止、低い法人税率といったアイルランド独自の制度・慣行が条約によって侵害されないという保証をEU側があたえたことで、リスボン条約は可決された。「否決したら、アイルランドがEUのなかで孤立する」という強迫観念が、アイルランド国民を消極的な賛成へ駆りたてたのであろう。

加えてリスボン条約は、アイルランド以外の二十六のEU加盟国では国民投票にすらかけられず、議会での投票だけで批准されている。同条約はEUのこれまでの基本条約と同様に、市民による討論と承認を経ることなく、政治家や外交官といったエリートのあいだでの駆引きと妥協により発効したのである。

ユルゲン・ハーバーマスは、欧州憲法条約に対しては過大ともいうべき期待を表明していた。それだけに、欧州憲法条約がリスボン条約へと変質していった過程に対するハーバーマスの失望は、ことのほか大きかった。リスボン条約の起草交渉と批准の過程について、彼は次のような強い口調で苦言を呈している。

〔リスボン条約をめぐる〕交渉のあり方、本来なら国民投票が必要な国でもそれが放棄されたこと、(EU旗やEU歌といった)すでに受け入れられている共同体のシンボルを放棄したこと、そして最後に、国別の例外規定、および若干の政府がリスボンでの成果を自国で売り込もうとするさいに示したデフレーション気味の宣伝戦略——これらはみな政治の従来のやり方を踏襲するものであり、欧州のプロジェクトを市民たちの意見と意志の形成から小心翼々として切り離すことを決定的なものにする。

欧州の政治が統合過程の転換点において、今回ほどあからさまにエリート主導により官僚制的に推し進められたことはかつてなかった。政治的階級はこうして、閉ざされた扉の背後で欧州のさらなる運命を決定するという特権を強調するのである。(10)

ハーバーマスはもともと、「欧州憲法」の内容そのものよりも、「憲法」の起草と批准の過程が帯びるべき民主主義的な質のほうを重視していた。つまり、「憲法」起草と批准の過程においてはＥＵの全加盟国で共通の主題をめぐって論争が起こり、その論争は国境線を越えて反響を呼び覚ますであろうから、そこでは同時に政治的コミュニケーションを通じた「欧州デーモス」や「欧州市民社会」や「欧州公共圏」の生成が展望されうるというわけである。それだからこそ彼は、フランスの左派が問題にしていた欧州憲法条約のもつ新自由主義的な側面にはあえて目をつぶって、同条約への賛成投票をフランス国民に呼びかけたのであろう。(11)ところが、リスボン条約の起草過程、条約の体裁、そして同条約の批准過程はいずれも、欧州憲法条約には期待されえたような民主化の効果を産み出すものではなかった。

5　多重の危機と多次元の危機

こうしてＥＵはいま、多重の危機と多次元の危機の真只中にある。

多重の危機とは、欧州憲法条約がリスボン条約へと変質していった過程で露呈したＥＵの正当性危機と、リーマン・ショックに端を発し、南欧諸国の「財政危機」によっていっそう深刻化した経済危機とが複合した危機のことを指す。ユーロ圏十六カ国の二〇〇九年十一月の失業率は一〇％となり、単一通貨導入後では初めて二桁に達した。とくに南欧諸国では、財政危機が金融危機を誘発する回路が経済システムの中に組み込まれてしまっている感があり、ＥＵとＩＭＦから巨額の融資を受けたギリシャは、ほとんどの国営事業を手放し、もはやほとんど現代国家の体をなしていない。

もう一方の多次元の危機は、右記のような多重の危機に対してＥＵの次元でも加盟国政府の次元でも政治的責任を引き受ける用意ができていないことに表われている。もっと立ち入って言えば、自由化と規制緩和はＥＵの次元で決定され誘導されるのに対し、それがもたらす貧困や社会的排除は基本的に加盟国の責任に帰せられ、しかも加盟国の政府は安定・成長協定とグローバルな金融市場（とくに格付け会社）の圧力のもとで緊縮財政を強いられているのである。こうした多次元的危機の構図は目下、ギリシャ等の南欧諸国において最も先鋭に現われているが、それは他の加盟国に容易に伝播する可能性を秘めている。ファン・ロンパウ欧州理事会常任議長は、金融政策が欧州中央銀行によって一元的に管理されているのに、財政政策は加盟国政府の責任に帰せられているという、かねてから指摘されてきた経済・通貨同盟の制度的不均衡を改めるべく、「欧州経済省」を創設する案を提示した（二〇一〇年二月）。しかし、これについて合意が成立する見通しは立っていない。なによりも奇妙なことに、この深刻な危機のなかにあってもなお、すでに有名無実化している安定・成長協定[12]というスプラナショナルな緊縮財政強要装置を廃棄するべきだという主張は、ＥＵ首脳部からは聞こえてこない。

ＥＵは、リスボン戦略が完結する二〇一〇年を「貧困および社会的排除と闘う欧州年」と位置づけていた。そして、欧州委員会は二〇一〇年三月に、リスボン戦略に代わって今後十年の戦略を規定する「ヨーロッパ二〇二〇」の草案を発表した。だが、右記のような複合的な危機にさいなまれているＥＵの首脳部の頭に浮かぶ目下の最優先課題はどうやら「財政再建」であって、社会的排除との闘いは後回しにされそうな気配である。「ヨーロッパ二〇二〇」では貧困線以下の生活を送っている人びとの数を二〇二〇年までに現状よりも二五％削減するという数値目標を打ち出してはいるものの、この文書の副題に掲げられている「包摂的な成長（inclusive growth）」という標語は、教育と職業訓練を通じた人びとの就労能力の向上を相も変わらず強調しているのである。

（1）Iain Hardie/David Howarth, Die Krise but not La Crise?: The Financial Crisis and the Transformation of German and French Banking Systems, in: *Journal of Common Market Studies*, Vol. 47, No. 5, 2009, pp. 1023-5.

（2）田中素香「EU経済通貨統合と世界金融・経済危機」、福田耕治編著『EU・欧州統合研究』成文堂、二〇〇九年、六七―八頁。

（3）Bastiaan van Apeldoorn/Laura Horn, The Marketisation of European Corporate Control: A Critical Political Economy Perspective, in: *New Political Economy*, Vol. 12, No. 2, 2007, p. 221.

（4）中村健吾『欧州統合と近代国家の変容』昭和堂、二〇〇五年、一九頁以下。

（5）ピーター・A・ホール／デヴィッド・ソスキス編、遠山弘徳ほか訳『資本主義の多様性』ナカニシヤ出版、二〇〇七年。

（6）馬場優「フレクシキュリティと社会的包摂」、高橋進編著『包摂と排除の比較政治学』ミネルヴァ書房、二〇一〇年、一二八頁。

（7）中村健吾「EUとその加盟国における『積極的包摂』戦略の展開」、お茶の水女子大学グローバルCOEプログラム（格差センシティブな人間発達科学の創成）「PROCEEDINGS」第七号、二〇〇九年三月、五九頁以下。

（8）Mary Daly, EU Social Policy after Lisbon, in: *Journal of Common Market Studies*, Vol. 44, No. 3, 2006, p. 476.

（9）Commission of the European Communities, Towards Common Principles of Flexicurity: More and better jobs through flexibility and security, COM (2007) 359 final, Brussels, 2007.

（10）Jürgen Habermas, Europapolitik in der Sackgasse: Plädoyer für eine Politik der abgestuften Integration, in: derselbe, *Ach, Europa*, Frankfurt a. M., Suhrkamp Verlag, 2008, S. 99.（ユルゲン・ハーバーマス著、三島憲一ほか訳『ああ、ヨーロッパ』岩波書店、二〇一〇年、一三四―五頁）

（11）ユルゲン・ハーバーマス著、三島憲一訳「なぜヨーロッパは憲法を必要とするのか?」、「世界」二〇〇五年九月号、岩波書店。

（12）安定・成長協定は、ユーロを導入した国の単年度の財政赤字を対GDP比三%以内に抑えることを義務づけている。しかし、ユーロ圏十六カ国のうち二〇〇九年度においてこの基準を満たしたのは、フィンランドとルクセンブルクのみであった。

［参考文献］

中村健吾『欧州統合と近代国家の変容——ＥＵの多次元的ネットワーク・ガバナンス』昭和堂、二〇〇五年

鷲江義勝編著『リスボン条約による欧州統合の新展開——ＥＵの新基本条約』ミネルヴァ書房、二〇〇九年

ロベール・ボワイエ『金融資本主義の崩壊——市場絶対主義を超えて』山田鋭夫・坂口明義・原田祐治監訳、藤原書店、二〇一一年

ＥＵの気候安全保障――ヨーロッパの気候変動・エネルギー政策の新たな取り組み

上原史子

二十一世紀の現在、世界共通の問題であり、ＥＵにおける重要な課題のひとつと捉えられるようになりつつあるのが気候変動との戦いである。ＥＵの場合、ポスト京都議定書となる新たな気候変動枠組条約の議定書への他国の参加を条件に、二〇二〇年のCO_2排出量削減率を二〇％から三〇％にまで引き上げるという野心的な目標値を提示するなど、ここ数年、気候変動やエネルギー問題を中心とした分野で新たな制度を構築するためにめざましい努力を続けている。ＥＵが気候変動問題に積極的に取り組んでいる背景には、京都議定書が期限を迎えたあとの気候変動に関する新たな世界秩序において、主導的な役割を果たそうという思惑があった。

ＥＵにおける気候変動問題は、環境問題としてのみならず、経済問題・外交問題など、さまざまな政策分野にまたがるハイブリッドな問題と位置づけられている。特に共通の安保政策のなかで議論され始めたという点は、ＥＵ統合では新しい動向である。本稿ではＥＵにおける気候変動問題と共通安保政策の新たな展開について検討する。

1 ヨーロッパ共通の安全保障構築の試み——EDCの失敗からESSの誕生へ

ヨーロッパでは共通の安全保障を構築しようという試みが繰り返されてきた。なかでも第二次世界大戦後、戦後復興・不戦共同体構想としてヨーロッパ統合が提唱されたのと同時期に、共通防衛政策を構築しようという機運も高まっていた。これこそが現在のEU共通外交安全保障政策・共通安全保障防衛政策の起源とも言うべき、EDC（欧州防衛共同体）構想である。EDCを提案したのはフランスのルネ・プレヴァン首相であった。冷戦という危機・脅威が差し迫っており、東西対立が激しさを増す状況の下、当時の西ドイツをヨーロッパのなかでどのように位置づけ、発展させるかという大きな課題への対応策としてこのEDC構想が持ち上がった。つまりEDC構想はヨーロッパ共通の軍事的脅威への対応策として検討されたものであった。このEDC構想はフランス議会が否決したために流産となり、冷戦期のヨーロッパでは安保政策の共通化は実現には至らなかった。

ところが冷戦の終焉に至る過程で世界情勢がめざましく変化していくなかで、次々と現われる新たな脅威にヨーロッパが協力して対処する必要性が高まった。特に一九九〇年の湾岸戦争のさい、EC諸国が一致した対応策を打ち出すことができなかったことへの反省をふまえて、九二年にマーストリヒト条約が調印されると、ヨーロッパは経済統合のみならず、政治統合を推し進める準備にとりかかつた。そのひとつがＥＵのＣＦＳＰ（共通外交安全保障政策）である。ところが九〇年代後半のヨーロッパは、周辺地域における民族紛争・地域紛争においてＣＦＳＰを基礎とした共通の安保政策を効果的に展開することができなかった。特にコソボ紛争は、ＮＡＴＯの軍事介入により終結へと向かうこととなり、ヨーロッパを舞台とする問題にもかかわらず、ＥＵ共通の安保政策は機能不全であることが露呈した。これを受けて二十世紀末にはＣＦＳＰに軍事的要素を加えた共通防衛政策として、ＥＳＤＰ（欧州安全保障防衛政策）を展開することで、ヨーロッパが共通の、そして即効性のある安保政策を打ち出せるようになることが期待された。

以上のようにＣＦＳＰ／ＥＳＤＰは二十世紀末になるとＥＵの軍事的安全保障としての色彩を強めていった。その後、二〇〇三年のイラク戦争のさいは、アメリカ・ブッシュ政権のユニラテラリズムへの批判を強め、独仏を中心とするヨーロッパはマルチラテラルな対応を試みた。しかしコソボ紛争の時と同じく、再びＥＵとして効果的な対策を打ち出すことができず、紛争解決手段としてのＣＦＳＰ／ＥＳＤＰの脆弱性が明るみに出た。

二十一世紀に入りＣＦＳＰ／ＥＳＤＰの新たな展開が模索されるなか、ＣＦＳＰ上級代表のハビエル・ソラナは二〇〇三年六月二十日に開催されたテッサロニキ欧州理事会において「よりよき世界における安全な欧州」という戦略文書を発表した。

この戦略文書は同年十二月十二日にヨーロッパ共通の安保上の課題をまとめたＥＳＳ（欧州安全保障戦略）として採択された。[1] ＥＳＳはアメリカが最大の軍事大国であることを認めつつも、「今日の複雑な問題に単独で対処できる国はない」ことから、ＥＵは世界全体の安全保障にも責任を負うべく、脅威の本質を明らかにしてヨーロッパ周辺に安全地帯を拡大し、国際秩序を強固なものにすることで、それらの脅威に立ち向かうべきである、という戦略目標を示した。しかしながらこれらはいずれも軍事的要素を中心とした大まかな目標であり、具体的な解決策は明らかにされていなかった。

その後、ＥＵではこのＥＳＳを補完するべく、大量破壊兵器の拡散防止やＥＵの安保枠組みにおけるＮＡＴＯの役割についてなど、軍事的安全保障を強化するための具体的な戦略が打ち出された。また、ヨーロッパ近隣諸国との関係強化やＥＵのエネルギー政策について、さらには対アフリカ政策などの非軍事的安保政策にも積極的に取り組むこととなった。特に気候変動と安全保障をＥＳＳの重要な戦略のひとつと位置づけたことは、ＥＵが共通の安保政策として気候変動問題へ対応するという新たな道を開くこととなった。

２　気候安全保障に向けて動き出すＥＵ

気候変動問題がヨーロッパ共通の安保政策における重要課題として取り扱われるようになった背景には、イギリスの積極的な姿勢があった。

二〇〇五年七月にグレンイーグルズで開催されたＧ８会議の主要テーマは、議長国イギリスの働きかけでアフリカ問題と温暖化問題となった。このサミットでは、気候変動問題はエネルギー安全保障や食料安全保障などの安保問題が複合的に関連しあうものであり、安全保障環境に影響を及ぼす可能性があることが示された。

同時にイギリス政府は世界銀行チーフ・エコノミストであったニコラス・スターンに気候変動による影響とその対策について二〇〇六年秋までに報告書としてまとめるように依頼した。この報告書は中長期的視点に立ち気候変動への対応をどのタイミングで、どのような政策や制度を選択して行なっていくべきか、という問題意識にもとづいて作成された。このなかでスターンは気候変動対策の多様な可能性について指摘するとともに、イギリスにとって明確な指針となるような対策を調査・分析し、来たるべき低炭素経済への道すじを明らかにすることが求められていた。

こうして二〇〇六年十月に気候変動問題の経済的側面の分析報告書として発表されたいわゆる「スターン・レビュー（『気候変動の経済学』）」は、「今後一〇年から三〇年の間に我々がとる行動は今世紀末から来世紀の経済・社会活動に大きな混乱を引き起こす危険性がある。このまま具体的な行動を取らなかった場合、一九三〇年代の世界恐慌と同等の混乱を引き起こす可能性がある。こうして一度引き起こされた変化は元に戻すことはほぼ不可能であろう」と指摘し、気候変動対策にかかる費用と、適切な気候変動対策をとらない場合の損失や深刻な影響とを比較した場合、対策をとらないという選択肢を選んだ結果生じるダメージのほうがはるかに大きいという警告を発した。

これ以降イギリスは国際社会に気候変動への取組みを強く訴えるようになる。二〇〇六年九月の第六一回国連総会においてイギリスのマーガレット・ベケット外相は、気候変動問題に対する国連の果たす役割の重要性に言及し、イギリスがアフリカの貧困対策と気候変動とを外交政策の中心課題とすることを明らかにした。

またベケット外相は二〇〇六年十月にメキシコで開催されたG20において「気候安全保障なくして、国家安全保障・経済的安全保障は担保されない。地球温暖化のために気候が不安定になった場合、各国政府は国家の基本的責任である経済・貿易・移民・貧困などの問題に対応できなくなる」とスピーチし、気候変動問題の重要性を「気候安全保障」という言葉で表現し、国際社会全体で早急にこの問題に取り組む必要性を訴えた。

翌二〇〇七年四月十七日の国連安全保障理事会では、当時議長国であったイギリス主導の下、史上はじめて気候変動問題が「エネルギー、安全保障および気候に関する安保理公開討論」として取り上げられることとなった[2]。同時にイギリスはこの問題に関するコンセプト・ペーパーを提出し、気候変動が国境問題、移民の発生、資源の供給不足あるいは人道危機など安保上のさまざまなリスクに影響を与えるがゆえに、国連安保理がこの問題に積極的に取り組む必要があると主張した。

こうして気候変動問題が「気候安全保障」の問題として位置づけられ、国際社会全体が気候安保問題を共有していくこととなった。気候変動問題の安保問題化により、世界はこれを国際政治上の重要課題であると認識するとともに、世界共通で取り組むべき優先課題と位置づけるようになることから、EUでは世界に先駆けて共通の安保政策において気候変動問題をどう位置づけていくかが検討されることとなった。

ＥＵが気候安保問題に早い段階から取り組んだ背景には、持続可能な低炭素社会のために不可欠となる技術や制度をいち早く整備することで、それらを世界に普及させることが可能となり、これによってＥＵ域内政策が発展するとともに、ＥＵが国際社会で指導的役割を担える可能性が広がるとの見通しがあった。気候変動が及ぼす影響は環境の変化のみならず、貧困撲滅や平和構築といった活動を妨げる大きな障害となる可能性があり、これは特に脆弱な国にとって直接的な安保問題となる恐れ、さらには世界規模で経済問題化する危険性をも孕んでいた。このようなグローバルな負の連鎖を阻止するためにも、ヨーロッパでは気候変動を防止するための対策はもとより、気候変動がある程度進んでしまうことを前提に、気候変動の影響に適応する対策にも優先的に取り組まなければならないという意識が高まった。

3　ＥＳＳの新たな展開とＥＵ共通安全保障防衛政策の強化

前述のようにＥＵで気候安全保障への取組みが重要課題のひとつとなりつつあるなか、二〇〇八年三月十四日になるとソラナＣＦＳＰ上級代表と欧州委員会は「気候変動と国際安全保障」に関する報告書を提出した。(3) 報告書では気候変動から生じるさまざまな現象がヨーロッパの安全保障に与える影響とEUがとるべき対応策が検討された。ヨーロッパがこのように気候変動問題を外交安保問題として強く意識していたことは、この時期に「北極の雪解けは、ヨーロッパが将来ロシアと衝突する可能性があることを意味する」というセンセーショナルな見出しがヨーロッパの紙面を飾っていたことにも現われていた。(4)

この報告書の冒頭には「脅威が現実のものになった」という強いメッセージが掲げられた。また「脅威を増殖させるもの」としての気候変動を強調し、EUは国家の脆弱性に起因する政治不安、資源・エネルギーの供給をめぐる緊張や境界紛争、温暖化の進行による移民の発生等の諸問題に備え、危機管理と災害対応のための軍事的・非軍事的能力の強化とEUの境界線地域を監視する能力や早期警戒能力を向上させることが急務であることが示された。こうして気候安全保障という予防的な安保政策のためのESDP能力の強化が求められることとなる。

また報告書は、気候変動が世界的な温暖化と天然資源の争奪戦などを引き起こし、ヨーロッパの自然環境や社会経済全体に多大な影響を及ぼす可能性があることから、EUレベル・二国間レベル・多国間レベルでそれぞれ補完的な方法を用いながら、さまざまな手段で気候変動の安保上の問題に取り組むことがヨーロッパ自体の利益になるとした。このように報告書は気候変動の国際安全保障への影響を示しながら多国間協力と温室効果ガスの世界レベルでの統制の必要性を強調していた一方で、EUの反応はヨーロッパ自体への気候変動の影響の大きさ次第であろうとの見解も示していた。これは気候変動のEUへの影響がさほど大きくない場合には、EUが思い切った戦略を打ち立てることはないという予測を意味しており、ＥＵは壮大な計画を立てたものの、自らの計画の実現については悲観的な見通しを示していたのである。

ＥＵが国際社会の協力による気候変動への対応を強調しつつも、その実現は困難であるとの見解を示したのは、前掲のようなさまざまな危機を国際社会が認識できなかった場合、気候変動のための多国間システムは機能せず、気候変動に最も責任のある先進諸国と気候変動によって最も影響を受けている途上国とのあいだで政治的対立が生じることが予想されているからであった。さらにこのような深刻な事態に陥った場合、既存の国際安保機構はこれまで以上の困難に直面することも想定された。

そのため報告書は、ＥＵは独自に気候変動の研究・分析・モニタリング・早期警戒システムを強化する必要があるとして、ＣＦＳＰのなかでも特にＥＳＤＰの領域での政策決定を支援するＥＳＳ関連の「ＥＵサテライトセンター」やＥＳＤＰの分析グループとして発足した情報機関である「ＥＵ合同指揮センター」、対外エネルギー安全保障を強化するために創設された「エネルギー対応ＥＵネットワーク」、気候変動やＥＵ市民の安全保障に関するシンクタンクである「環境と安全保障のための世界的な監視」といった機関を強化し、気候変動問題に関する情報・知識を蓄積して災害や紛争に対するＥＵ自体の能力を正確に評価することが気候変動の国際安全保障への影響を認識するための一歩になると提言している。

この報告書が言及しているような気候変動に関する脅威は、もうすでに他の場面で何度も指摘されてきたことであるが、気候変動に起因するさまざまなリスクをヨーロッパが防衛政策において検討することになったのは新しい現象である。このように気候安全保障がEUの安保防衛政策の一部と位置づけられたことで、ESDPが非軍事的側面で新たな展開をみせる可能性も広がった。

二〇〇八年十二月十一日の欧州理事会は気候変動問題について討議し、「気候変動と国際安全保障」報告書で示されたようなヨーロッパの気候変動をめぐる諸問題を解決することを目指してESS履行報告を発表した。(5) ここで気候変動はEUの安保上の脅威であるということが明記され、ヨーロッパの安全保障にとって気候変動とエネルギー政策が大きな課題であることが改めて示された。また、気候変動は自然災害や環境破壊、政治紛争や資源獲得競争を引き起こし不安定な地域をますます不安定にさせるような脅威を増大させることから、EUは近隣諸国とよりいっそうの協力を推進し、国連・地域機構の枠組みでの緊密な協力を図り、気候変動に関する分析・早期警戒システムの精度を向上させていくことが必要だと結論づけた。

さらにこの履行報告では、中国やインドという巨大市場の今後の成長についても言及され、中国・インドがいまのペースで経済成長を続けた場合、EUでは気候変動問題や資源枯渇、貧富の格差拡大や組織犯罪、経済システムの不安定化などへの対応が必要となることが明記された。

現在EUでは、拡大による中東欧・南東欧諸国のEU加盟や、EU近隣政策のさらなる発展により、周辺諸国との関係強化は進んできたが、二〇〇八年夏のロシアによるグルジア侵攻によってロシアとの関係は不安定なものになっており、このことがEUとロシアのあいだのエネルギー問題にも影を落としている。温暖化対策とともに差し迫った課題となってきた資源・エネルギー対策はヨーロッパのみならず世界全体が直面している喫緊の課題であるが、特にヨーロッパはロシアへのエネルギー依存度が高いことから、ＥＵにとって政治レベルでのロシアとの建設的協力が不可欠である。そのため、エネルギー・気候安全保障のための枠組みとして効果的な多国間秩序を構築することもＥＵの課題となった。

ＥＳＳ履行報告書が出された翌年二〇〇九年十二月八日に開かれた閣僚理事会は、気候変動とその国際安保上の諸影響はＥＵの環境・エネルギー・ＣＦＳＰといった政策に幅広く及ぶものであり、これがＥＵの温室効果ガス削減とエネルギー安全保障のために展開されるさまざまな活動を強化する動機づけになるとの結論を示した。

このようにＥＵにとって資源・エネルギー問題が重要な課題となってきているうえに、これが対ロシア戦略を中心とした外交戦略にもかかわる問題となり、気候変動の問題がＥＵの共通外交安保政策の重要な一要素と位置づけられるようになるなか、ＥＵ域内外ではこれらの問題への早急な対応が図られるようになった。以下でＥＵが気候変動対策の制度化をどのように展開してきたのかを整理しておく。

4　気候変動とエネルギー安全保障の一体化に向けて

ＥＵではポスト京都議定書を視野に入れた気候変動対策の制度化が推し進められていた。というのも、京都議定書はその目標を二〇一二年までしか定めていないため、その後継となる新たな枠組み作りに関する国家間交渉が繰り広げられており、ＥＵとしても新たに誕生する世界的な枠組みに備えた制度設計が必要だったからである。

そこで二〇〇六年三月、欧州委員会はエネルギー政策に関するグリーン・ペーパーを策定した。[6] これは二〇〇五年十月のＥＵ首脳会議によるＥＵエネルギー政策の枠組み構築の要請を受けて発表されたものであり、ＥＵ共通の政策課題として競争性・持続性・安定性を掲げて、これらの課題のための具体的な政策を示した。特に気候変動との戦いのための統合アプローチという考え方がエネルギー政策のなかに盛り込まれたことは、その後のＥＵ気候変動政策に大きな影響を及ぼすこととなった。

二〇〇七年一月にはそれまでに蓄積されたさまざまな気候変動・エネルギー関連政策の相互連関を明らかにし、ＥＵ共通エネルギー政策を再検討するための「戦略的エネルギー・レビュー」が欧州委員会から発表された。このレビューにより、個別のエネルギー政策が気候変動対策と統合され、気候変動・エネルギー政策パッケージとして打ち出されることになった。ここでは、ＥＵエネルギー政策の将来について、原子力エネルギーにも一定の役割があるとの認識が示されており、その後、ドイツやスウェーデンのように予定されていた脱原子力政策を見直す国や、ブルガリアやスロヴァキアのように原子力発電所の増設を計画する国々もあった。

こうして気候変動の問題がエネルギー安全保障とセットで議論されるようになったのは、どちらの問題も国家への脅威であるものの、一国のみで対処できる問題ではなく、世界がこれらの問題への対応には多国間協力の枠組みが不可欠だとの共通認識をもつようになっていったからである。また、すでに気候変動が起こっているという現状を鑑みると、今後もある程度の気候変動は避けられないことから、全人類的課題として、この気候変動の進行を可能なかぎり遅らせるための制度設計が急務であると認識されていた点も気候変動とエネルギーがセットで検討されるようになった背景にある。

さらに二〇〇七年三月の欧州理事会は、国際交渉においてＥＵが主導的な役割を担うための第一歩として二〇二〇年までを見通した中期目標に合意した。その目標とは、ＥＵ全体の温室効果ガス排出量を二〇二〇年までに九〇年比で二〇％削減し、再生可能エネルギーの比率をエネルギー消費全体の二〇％に高めるという野心的な数値目標であった。のちにこれらの目標はＥＵ全体のエネルギー消費の二〇％削減を加えて「ＥＵの20・20・20」と称されるようになる。このような具体的な数値目標が掲げられたことを受けて、欧州委員会は二〇〇八年一月、ＥＵの数値目標を達成するための具体的な手段や国別の目標を掲げる提案をした。

また二〇〇八年十一月、ＥＵは持続的で競争力のある安定したエネルギー供給のための課題に合意した。この課題とは、この先数年にわたって世界のエネルギー市場と国際関係が激動することが予想されるなか、ヨーロッパのエネルギー・システムを改革してヨーロッパに気候変動に関する多様な政策の選択肢を生み出し、投資を促そうというものである。これをうけて欧州委員会はヨーロッパにおけるエネルギー安全保障を新たに促進することを目的として、幅広い分野にまたがるエネルギー・パッケージを提案した。この提案にはEUの「第二次戦略的エネルギー・レビュー」のほか、加盟国がエネルギー問題で団結するための新たな戦略、より効率的で低炭素のエネルギー供給網への投資を刺激するための新しい戦略が盛り込まれた。「第二次戦略的エネルギー・レビュー」では、EU内で持続的なエネルギー供給を確保するための五つのポイントからなる「EUエネルギー安全保障・団結アクションプラン」が提案されており、ヨーロッパが二〇二〇年から二〇五〇年のあいだに直面すると予想される課題についても考察している。

以上のような欧州委員会によるさまざまな提案を盛り込むことで合意に至り、二〇〇九年四月に採択となったEUの「気候変動・エネルギー・パッケージ」には、いわゆる「EUの20・20・20」を達成するための加盟国の排出量削減努力に関する決定、EU排出権取引制度（ETS）に関する指令の改正案、温室効果ガスの回収貯蓄（CCS）指令案、再生可能エネルギーの利用促進指令案などが含まれていた。

これらの制度はEU域内ですでに稼動しているものであったが、このパッケージによって具体的な気候変動戦略の目標と内容を設定したのは、これらの制度をEU域内で拡充させ、グローバルな枠組みへと発展させることで、ヨーロッパが気候変動問題において今後も国際的優位性を維持・発展しようという狙いからであった。また、このパッケージはエネルギーに関するネットワークの構築・整備を重視しており、エネルギーの相互依存が進んできた国際関係においてEUの気候変動・エネルギー政策が新たな方向性をもつこと、EU域内の社会基盤・経済情勢にも大きな影響を及ぼすことが予想された。

おわりに——ヨーロッパにおける気候安全保障の将来

ヨーロッパのみならず世界は公害・酸性雨などの問題を解決するべく、環境問題としての気候変動問題にさまざまな形で取り組んできた。ところが気候変動がもはや単なる環境問題ではなく、経済成長・外交戦略・エネルギー安全保障・環境持続性など、非常に幅広い分野にわたる政策の複合体であり、さまざまな分野において相互に複雑な関連をもつ問題となっている二十一世紀の現在、本稿で述べてきたようにヨーロッパでは気候変動問題が安保上の一戦略として位置づけられるようになった。

気候安全保障を達成するためには気候変動問題・エネルギーの安定供給問題などでの国際社会の連携が必要となる。気候安保上の連携を進めるにあたり、各国は気候安全保障がどのような特徴をもつのかを考慮して対策を立てることになるが、この問題は中長期的に取り組む必要があるため、この連携のために自国の経済成長を阻害されないような工夫が必要となる。

そこでEUでは気候変動問題が安保上の問題のひとつであることをESSのなかで明確に示し、気候変動にかかわるさまざまな分野に相乗効果をもたらすような仕組み作りを進めるべく、試行錯誤が始まった。EUによる気候変動問題への積極的な取組みは、「EUエネルギー安全保障・団結アクションプラン」を実現するための道筋を作ることになる。このプランにより、EUは加盟国間の関係強化を促進し、EUのエネルギー安全保障を強化することを狙っていた。

このような状況下で二〇〇九年十二月に開催されたのが京都議定書以降の国際的な枠組みを構築するための世界会議、COP15（気候変動枠組条約締約国第一五回会議）である。COP15後に誕生することが見込まれていた気候変動に関する新たな世界秩序において、EUは独自の制度や基準をグローバル・スタンダードとすることで、世界を牽引していこうという野心的な戦略を背景に、EU域内外で新たな枠組み作りのための協力を積極的に働きかけていた。ところが会議は途上国の予想以上の反発を前に、デンマークが議長国であったにもかかわらず、EUが期待していたような具体的な成果を出すことができなかった。というのも、途上国にとって経済成長は貧困と戦ううえで必要不可欠なものであることから、ポスト京都議定書となる新たな制度が途上国の経済成長を鈍化させるようなものになること、また先進国主導で決定されることに危機感をもっていたからである。

COP15での成果が得られなかった同年末のヨーロッパでは、世界におけるEU気候安全保障の将来に対して悲観的な意見が相次いだ。このようななかでの年明け、二〇一〇年三月にEUでは「成長と雇用のためのリスボン戦略」の後継として、欧州のエネルギー・気候変動目標を含む二〇二〇年に向けたＥＵ経済の道筋を示す新たな経済戦略「ヨーロッパ二〇二〇（『スマートで、持続的な、さらなる成長のための欧州戦略』）」が発表された。(7)この戦略では前述の「ＥＵの20・20・20」を気候変動問題における主要目標とし、「資源効率の高い低炭素経済」を実現するべく、ＥＵレベル、加盟国レベルでの努力目標も掲げた。ＥＵではこの戦略の実施が低炭素経済の実現のみならず、エネルギー安全保障や雇用創出にもつながるとしている。

また「ヨーロッパ二〇二〇」では、グローバル経済の現代世界ではいかなる加盟国も単独ではグローバルな挑戦に取り組むことはできないことから、新戦略の推進でＥＵのガバナンス強化を図ることにも言及しており、欧州各国の団結の必要性が改めて示された。ＥＳＳやＥＳＳ履行報告書はＥＵ内部の政府間協力の枠組みにおける政策文書であり、法的拘束力をもつものではないことから、「ヨーロッパ二〇二〇」で設定された目標がＥＵレベルで拘束力をもつようになるかどうかがＥＵ気候安全保障の将来のカギとなろう。

欧州の団結の具体化はまさにヨーロッパ共通の安全保障である。本稿で論じてきたように、ヨーロッパでは気候変動への対応を資源・エネルギー問題とあわせて気候安全保障の問題と位置づけ、さらに共通の安保防衛政策であるＣＦＳＰ／ＥＳＤＰの一部とした。

ＥＵは気候安全保障の一部となる資源・エネルギー政策において、ロシアへのエネルギーの依存割合を縮小し、温室効果ガスの排出を削減するべく、ＥＵレベルで再生可能エネルギーの普及に努めている。しかしエネルギー政策で大きな割合を占める原子力エネルギーの利用については、加盟国レベルに任されており、EUレベルでの共通政策はない。というのも、フランスなど原子力の利用に積極的な国、ドイツなど原子力を再生可能エネルギーの普及までの過渡的エネルギーととらえている国、オーストリアのように原子力を利用していない国が混在しているEUでは、二十七か国による原子力エネルギーの活用に関する政策合意は容易いことではないからである。それでもヨーロッパでは原子力エネルギーに関する共通政策の構築に向けていままさに努力が続けられているところである。その理由は、原子力発電に伴って発生する放射性廃棄物の処分という二十一世紀の世界共通の未解決の課題があること、また、使用済み核燃料等が軍事転用される可能性があるなかで、核テロへの備えも不可欠であるというヨーロッパ共通の認識があるためだ。

3・11の福島原発事故とその後の事態の悪化を受けて、EUは三月十五日という早い段階で域内の全一四三基の原発の安全性についてチェックすることに合意した。これはまさにヨーロッパにおける原子力エネルギーの活用にともなうリスクに対する明確な反応のひとつであった。

このようにヨーロッパでは最悪の事態に備えた政策が非常に速いテンポで構築されながら現在に至る。このEU域内での原発耐久性テストは、フランスやイギリスといった核保有国とオーストリアやドイツといった原子力エネルギーへの依存を縮小していこうとしている国々とが合意できるレベルでスタートしたことから、その効果のほどは未知数である。特に原子力エネルギーの利用は気候変動問題のみならず、軍事安全保障という国家戦略に関わる問題であることから、EUレベルでの情報共有は限定的なものにならざるを得ない。とはいえ、原子力エネルギーの利用も気候安全保障の問題の一つであるというＥＵ加盟国共通の認識があるいま、ＥＵの気候安全保障への取り組みと今後の展開は、ヨーロッパのみならず世界にも大きなインパクトを与えるものとなろう。

（1）European Council, *A secure Europe in a Better World. European Security Strategy*, Brussels, December 12 2003.

（2）United Nations, *Doc. S/2007/186*, April 5 2007.

（3）*Climate change and international security. Paper from the High Representative and the European Commission to the European Council*, March 14 2008.

（4）*The Guardian*, 10 March 2008.

（5）European Council, *Report on the Implementation of the European Security Strategy - Providing Security in a Changing World*, Brussels, December 11 2008.

（6）European Commission, *COM (2006) 105 final*.

（7）European Commission, *EUROPE 2020 - A strategy for smart, sustainable and inclusive growth*, Brussels, 3 March 2010.

［参考文献］

上原史子「原子力をめぐるＥＵのジレンマ」、拓殖大学海外事情研究所「海外事情」二〇一一年二月号

上原史子「オーストリアのエネルギー政策」、中央大学法学会「法学新報」第一一七巻一一・一二号、二〇一一年三月
星野智『環境政治とガバナンス』中央大学出版部、二〇〇九年
和田武『環境と平和』あけび書房、二〇〇九年
宮本光雄『覇権と自立』国際書院、二〇一一年

「ヨーロッパ人」の誕生をめざして――EUのメディア政策の視点から

鈴木弘貴

1　はじめに

「日本人」――これは、二〇一〇年のNHK大河ドラマ『龍馬伝』におけるキーワードであった。坂本龍馬が、ドラマのなかで「日本人」という言葉を口にするたび、筆者は龍馬の先見性に思いをはせていた。というのは、龍馬の活躍した幕末当時、「日本人」という帰属意識をもって活動していた人間はほとんどいなかっただろうと想像されるからである。

それまでの「藩」を単位とした連合体から「国家」への脱皮をめざした明治維新のなかで、富国強兵と並ぶ喫緊の課題は、「日本」という領土に住んでいながら「長州人」や「尾張人」などと自らを呼んでいた当時の人々に、「日本人」という意識を植えつけることであった。そのための手段の一つとしてマスメディア（新聞）を通じて「日本」という領土に単一の情報空間をもたらすことでアジェンダを共有させ、そこでの議論を通じて運命共同体としての意識を醸成しようとした。こうした政策を進めた木戸孝允こそ、メディア研究者としての見立てでは「日本人」を創造した維新直後の最大の立役者である。

さて、翻って本書のテーマであるＥＵである。ＥＵが最終的に政体としての凝集性をどこまで高めようとしているのかは定かではないが、いわゆる「民主主義の赤字」状態を解消してＥＵシステムの権威と政治的正当性を強化し、その超国家的な施策の実効性を上げていくには、制度をいくら整備しても画竜点睛を欠く。つまりそこにはその制度を理解・信頼し、その制度を進んで遵守しようとし、その制度を育んだ文化を愛し、その制度が規定する社会の構成員であることを誇りに思う「ヨーロッパ人」が誕生する必要があることはいうまでもない。そしてこの「ヨーロッパ人」を創出するための重要な手段の一つとして、メディアの役割が期待されているのである。本稿では、ＥＵのメディア政策のなかでも特にこの「ヨーロッパ人」意識の誕生へとつながることが期待されているものに注目し、その狙いを整理することを試みる。

2　ＥＵのメディア政策

ＥＵのメディア政策は多岐にわたっているが、その三本柱を挙げるとすれば、テレビなど視聴覚メディアの全ヨーロッパにおけるルールを定めようとする「視聴覚メディア・サービス指令」、映像制作の支援を行なう「メディア・プログラム」、および EU本体が行なう「広報活動」ということができる。以下に、これら三本柱のメディア政策を概説していきたい。

（2—1）「視聴覚メディア・サービス指令」

「視聴覚メディア・サービス指令」（Audiovisual Media Services Directive）は、二〇〇七年に採択された指令（指令とは、加盟国に対し、そこで定められた目的に沿う国内法体系の整備を指示するものである）で、その狙いは一九八九年に採択された「国境なきテレビ指令」（Television Without Frontiers Directive）の趣旨を、新たなメディア環境の展開に見合ったものに修正するというものであった。このため、ここではまず「国境なきテレビ指令」の内容を紹介する。

「国境なきテレビ指令」は、衛星放送の本格普及期を迎え始めた頃に採択され、EU（採択当時はEC＝欧州共同体であったが、本稿ではすべてEUと表記する）のメディア政策の根幹を規定した「コーナーストーン」（EUのHPより）である。その前文では、EUの目的の一つを「ヨーロッパの人々をより密接に結びつけること」としたうえで、国境を越えるテレビ放送を「EUの目的を達成する手段の一つ」と明確に位置づけている。

「国境なきテレビ指令」の基本的な内容は、以下の七つに要約することができる。①ヨーロッパを単一市場とし、テレビ番組の自由な移動を妨げないこと、②テレビ番組は、その放送時間の半分以上がヨーロッパ製であるべきこと、③文化の多様性のような、重要な公共的価値を守るべきこと、④オリンピックやワールドカップのような、重要なイベントに対する大衆のアクセスを妨げないこと、⑤青少年は、暴力的あるいは性的な番組から保護されるべきこと、⑥テレビ放送のなかで不当に批判された者には、反論する権利を与えるべきこと、⑦放送時間に占める広告量が過度になるべきではないこと。

これらは基本的には、映像コンテンツの域内の自由貿易・自由競争を促進することで域内映像産業を活性化させるとともに、「全ヨーロッパ規模」の共通した情報空間を作り出すことを狙ったものである。しかし、米国流の自由貿易主義とはいくつかの点で一線を画している点に注意が必要である。たとえば、公共放送の位置づけである。「国境なきテレビ指令」では、加盟各国が保持する公共放送は、各国の民主主義的、社会的かつ文化的ニーズを満たし、資本の論理によるスケール・メリットを追求した寡占化の流れに抗してメディアの多元性を確保する重要な役割があることを明示的に認めている。このため各国政府が、放送産業の自由競争原則を妨げない程度に、公共放送に対し直接間接に財政的支援をすることを正当化している。

さらに、「文化的例外」と呼ばれる、世界貿易機構（WTO）が認める自由貿易原則の例外規定を確保している。具体的には、ヨーロッパ製のプログラムに関するいくつかの量的規制ルールのことである。映画を例にとると、EU域内で年間に制作される映画の本数はアメリカを上回っているものの、域内の映画興行収入の七五％はアメリカ映画が占めている。こうした状況を鑑みると、何の規制もかけなければ、テレビ番組も含めた映像コンテンツの分野でアメリカ製のコンテンツが圧倒的なシェアを占めてしまうのではないかという懸念がある。このためヨーロッパの文化的多様性を確保し、地元映像産業を保護・育成していくため、「文化的例外」規定による映画などの文化的財の輸入を制限することをEUは各加盟国に認めているのである。

以上が「国境なきテレビ指令」の概略である。以下では、二〇〇七年に改訂された現行の「視聴覚メディア・サービス指令」について、ここでの議論に特に関係が深いと思われる規定を取り上げ、その狙いや修正点を含め、やや詳細にみていこう。

まず域内テレビ番組の移動の自由を規定している第三条項である。第三条第一項には、「加盟各国は、自国領内における他の加盟諸国からの視聴覚メディア・サービスに対し、その受信の自由を確保し、またその再送信を制限してはならない」との規定がある。この規定は「国境なきテレビ指令」当時からあるが、旧指令がテレビ放送のみを対象にしていたのに対し、新指令ではビデオ・オン・デマンド・サービスも含むとしたのが修正点である。

ヨーロッパではその国家間の地理的な近接性のため、地上波によるテレビ放送が普及し始めた一九五〇年代から、隣国のテレビ放送が国境を越えて視聴可能になってしまうという、いわゆるスピルオーバーが常態となっていた。言語的にも隣国と共通性・近似性の高い地域が少なくないため、自国民に対する国家の排他的な情報管理を主張する情報主権の観点から、このような状況を国家主権の侵害として問題視する向きもあったのである。しかし、EUの発展とともに、こうしたヨーロッパのスピルオーバー状況を、国家主権のぶつかり合いの火種から転じて、EUという超国家的空間を醸成する手段の一つとして活用しようという発想になり生まれたのがこの規定であった。
この規定はつまり、①スピルオーバーとして自国に入ってくる他のメンバー国のテレビ放送および市場の拡大を意図して隣国にも視聴覚メディアを提供しようとするサービスに関し、自国民がそれを受信することを制限してはならない、②さらに自国内の放送事業者またはケーブル会社などが、その他国からの映像コンテンツを自らの設備を使って自国民向けおよび第三国向けに再送信することも許可する、というものである。

これにより、理論的には、EU加盟国内の地上波放送はEU域内であればどこでも見られることになった。この結果、制作者側にもたらされたものは、一つの国家を超えた広大な市場である。一つの番組が複数の国で視聴されることにより、広告料収入や番組関連グッズの売り上げなどの収入源が複数国にまたがるため、視聴覚産業の活性化につながるのである。

視聴者側にもたらされたものは、一つは極端なナショナル・バイアスやステレオタイプによって制作される番組が減少することによる、テレビ番組の「良質化」である。制作された番組が自国以外でも視聴されるため、番組制作者はその内容について他国の目を意識せざるをえなくなる。このため、隣国（人）をからかうような低俗な番組や、隣国との関係や歴史を不当に歪曲したような番組は作りにくくなる。つまりここでいう「良質化」とはある意味、脱ナショナル化であり、汎ヨーロッパ化でもあるといえよう。そしてもう一つは、こうした「良質」な番組による、「ヨーロッパ共通の情報空間」が醸成されることである。それまで国境別に仕切られていた情報空間が解放されるということは、国境別に分かれていた「国民の共通の話題」が、国境を越えて共有される「ヨーロッパ（人）の共通の話題」となりうることを意味する。これは本質的に越境放送となるヨーロッパにおける衛星放送と相まって、ヨーロッパ人意識の誕生につながることが期待されているのである。

次に、これも旧指令から続く重要なポイントの一つであるが、「ヨーロッパ作品」および「非ヨーロッパ作品」に対する、放送時間量の量的規制について解説していこう。新指令は第一条項で「ヨーロッパ作品」を以下のように規定している。①EU加盟国で制作されたオリジナル作品。②EU以外のヨーロッパ諸国（たとえばスイスなど）で制作されたもの。ただし、共同制作作品で、共同制作国がヨーロッパ以外の場合は、主導権がヨーロッパ内の共同制作国にある場合に限る。③EU加盟国とヨーロッパ外の国との共同制作作品。ただし、制作費の半分以上をEU加盟国（諸国）が負担しており、かつ制作の主導権がヨーロッパ外の国ではないこと。

つまり、たとえば米独合作番組でも、実質的にはアメリカが主導しているような作品は「ヨーロッパ作品」とは認められない仕組みになっている。また注目すべき点は第二規定で、この政策が単にEU加盟国だけのためのものではなく、「ヨーロッパ」全体を見据えたものであるというEUのオープンなスタンスが反映されているといえよう。

このように「ヨーロッパ作品」を規定したうえで、新指令では第一六条項で、ニュース番組、スポーツ番組、ゲーム番組、広告、文字情報番組、テレビ・ショッピングを除く全放送時間の半分以上は、「ヨーロッパ作品」でなければならないとしている（映画番組は除外項目に入っていない）。さらに、

第一七条項では、同様に定義された「全放送時間」のうち、一〇％以上は、独立系の制作会社による「ヨーロッパ作品」を放送するか、または放送にかかわる予算の一〇％以上を独立系の制作会社に振り分けなければならないと規定している。ここでいう「独立系の制作会社」とは、テレビ局との間に資本・支配関係のないものを意味する。

これら二つの規定の狙いは、域内テレビ番組産業が域外の巨大資本（主にアメリカ）に圧倒され飲み込まれないよう、ヨーロッパ域内に一定規模の市場を確保すると同時に、中小の独立系プロダクションを支援することで番組文化の多様性を確保しておくという、保護主義的なものに他ならない。アメリカ主導で進むグローバリゼーションが、文化的な領域をも含んで進行しているとの認識のもと、「情報と娯楽の主要ソースであるテレビ」（EUのHPより）をグローバル化の流れから守ろうとするものであり、「アメリカ映像文化」に収斂されることなく、ヨーロッパの多元的な番組文化を保持し、それを域内に流通させることで、ヨーロッパ共通の文化を築き守ろうとするものなのである。

三つ目に重要な規定として取り上げたいのは、これも旧指令から続く、「社会的に重要なイベントへのアクセス保障」規定である。これは新指令では第一四条に「加盟各国は、社会的に重要性があると思われるイベントの放送を、排他的・独占的な方法で行なうことを認めない手段を講じてもよい」とある。

これはつまり、たとえば、ヨーロッパで絶大な人気のあるワールドカップ・サッカーの決勝戦や、イギリス王子の結婚式などのテレビ中継が、有料チャンネルでしか見られないというような事態となる放送契約を認めない権利を国家がもつということである。どのようなイベントが当該国民にとって重要なものであり、排他的な放送にそぐわないかは、各加盟国が決めることができる。

これに関連して新指令で新たに設けられた条項が、「Short News Report」と呼ばれる、ニュース用の短いビデオに対する各放送局の利用権利を保障した第一五条である。同条項は、域内加盟国に存するすべての放送局は、それが大衆の関心事であり、かつニュースのために利用する短い映像であれば、いかなる排他的放送にもアクセスする権利があることを定めたものである。

この新条項で注目すべき点は、この放送局の権利は、国内放送のみにとどまらず、域内他国の放送内容にも適用されると解釈されている点である（ＥＵのＨＰより）。つまり、先の一四条による「社会的に重要なイベントへのアクセス保障」条項が域内加盟各国の国単位による、国民のための措置であるのに対し、この一五条が定める「ニュース映像としてのアクセス権」が、ヨーロッパ中のイベントに対するヨーロッパ中の放送局、つまりヨーロッパ市民に対し保障されたという違いがあるのである。これは、「ヨーロッパ的に重要なニュース映像に、ヨーロッパのだれもがアクセスすることで、ヨーロッパの公共圏が形成されることを期待する」（アダム・ワトソン・ブラウンＥＵ視聴覚メディア政策主席担当官）という、のちに紹介するＥＵの広報政策とも相通じる哲学がベースになっているのである。

以上、新旧指令の数多い条項のなかから、「ヨーロッパ人」意識醸成に関連すると思われるものを紹介してきたが、本節の締めくくりとして、ＥＵによる直接の施策ではないが、「国境なきテレビ指令」およびそれを引き継ぐ「視聴覚メディア・サービス指令」の理念を最もよく体現している汎ヨーロッパ的なテレビ・フェスティバルである、「ユーロビジョン・ソング・コンテスト」について触れておこう。

「ユーロビジョン・ソング・コンテスト」は、主にヨーロッパ各国の公共放送によって構成される「欧州放送連盟」（ＥＢＵ）が主催して一九五六年から毎年開催している、ヨーロッパにおける各国対抗の歌合戦である。ＥＢＵはＥＵとは全く独立した組織ではあるが、ＥＵのメディア政策部門とは「常に緊密な連絡を取り合っている」（ブラウン主席担当官）関係にあり、財政的な支援は受けていないものの、ＥＵとの政策的な連携は図られており、このコンテストの内容も「よく意見交換はしている」（同前）という。

この「コンテスト」は、毎年春に行なわれる決勝のテレビ中継をヨーロッパだけで一億人以上が見る（ＥＵの人口は約五億人）といわれる、「ヨーロッパ人」であれば知らぬ人はいないモンスター番組である。各国の予選を勝ち抜いた歌手・バンドが、三時間ほどの決勝番組でライブ・パフォーマンスを行ない、その模様はヨーロッパ全土にライブ中継され優劣を競う。そして注目すべきは、その勝敗はヨーロッパ各国の視聴者投票によって決まるという仕組みになっている点である。投票は電話とメールを利用し、自国の代表以外に投票しなければならない。投票結果は番組内で即時に集計され、最もポイントが高かったものが優勝する。二〇〇九年のコンテストでは投票総数は一〇〇〇万を超えており、この種の番組では視聴者参加率がかなり高く、そのため優勝アーティストと曲は名実ともに「ヨーロッパ人が選んだ」といえ、優勝曲はコンテスト後のヨーロッパ各国において大ヒットすることがほぼ約束されている。

このテレビ番組がもたらしているものは、そのヨーロッパ中での高視聴率ゆえの、「ヨーロッパの共通の話題」と「ヨーロッパ共通のヒット曲」である。そして、「番組の内容について国境を越えて語り合い、その優勝曲を共に口ずさむなかで、ヨーロッパ人としての連帯意識や共通の共同体の一員であるという意識が育まれることが期待されている」（同前）のである。

（2―2）「メディア・プログラム」

前節で紹介した「視聴覚メディア・サービス指令」による域内映像産業保護・育成策の要諦は、量的規制によるものであったが、量的規制だけでは、特に産業育成の点で十分とはいえない。このヨーロッパ文化の担い手の一つである映像産業の育成のため、ＥＵ自らの予算を執行して実施しているのが、次に紹介する「メディア・プログラム」である。

「メディア・プログラム」は、ここでは、一九九一年から始まり九五年に終了した「MEDIA I」、九六年から二〇〇〇年までの「MEDIA II」、〇一年から〇六年までの「MEDIA Plus」および〇七年に開始され一三年までを計画期間としている現在進行中の「MEDIA 2007」という四つの連続するＥＵの施策の総称として使うことにする。

「メディア・プログラム」が実施されることになった背景には、一九八〇年代に顕著となったヨーロッパのテレビと映画に関する二つの要因がある。一つは、元来公共放送中心であったヨーロッパの放送空間に商業放送が増加してきたことに加え、衛星放送やケーブルテレビが普及し始めたことで、テレビ放送市場の競争が激しくなり、多チャンネル化と多様化する視聴者のニーズを満たすためのコンテンツの需要が急速に高まったことである。この需要を満たすため、当時、コストの安いヨーロッパ域外（主にアメリカ）制作の番組が大量に輸入され、放送されていた。

もう一つの背景状況は、人々の映画離れである。ハリウッド映画は比較的客足が落ちなかったものの、特に域内各国の国産映画の人気凋落ぶりは甚だしく、結果としてヨーロッパ産映画のシェアは低下していた。このため、ヨーロッパの映画産業も衰退するという負のスパイラルが始まっていたのである。

こうした状況のなか、メンバー国の映画およびテレビ番組制作産業を直接支援するとともに、その作品の市場を自国だけでなくEU全域に広げることを狙って策定された「メディア・プログラム」は、以下の三つの目的を明示している。①ヨーロッパの文化的な多様性と映画・視聴覚の分野における遺産を保持・強化し、これらにヨーロッパの人々（Europeans）がアクセスできるよう保障することで文化間の対話を促進する。②EU内外のヨーロッパの視聴覚作品の流通を促進する。③オープンで競争的な市場の枠組みのもとで、ヨーロッパの視聴覚産業の競争力を増強する。

これらの目的を達成するための手段として、①専門家の訓練、②制作プロジェクト段階での支援、③映画や視聴覚プログラムの流通支援、④映画や視聴覚プログラム制作への支援、⑤映画フェスティバルへの支援の五分野を重点項目に挙げている。

現在進行中の「MEDIA 2007」は、二〇〇七年から一三年までの七年間の計画で、同計画における新たな重点項目として、映像制作におけるデジタル化への対応支援が加わっている。同計画の七年間の予算は七億五五〇〇万ユーロ（約八三〇億円）。五年計画であった「MEDIA Plus」は総額五億一三〇〇万ユーロを投入しており、おおよそ年間一億ユーロが配分されてきている。なお、「MEDIA Plus」が支援したプロジェクトは約八〇〇〇で、年間平均一六〇〇プロジェクトとなる。

「メディア・プログラム」のなかの予算配分内訳を「MEDIA 2007」でみてみると、域内国で制作された映像作品を域内他国および域外に流通させるための配給・プロモーション支援に最も力が入れられ、六四％を占める。「MEDIA Plus」の期間中、ヨーロッパ域内で国境を越えて上映されたEU加盟国制作映画のうち、実に九割の作品が「メディア・プログラム」の支援を受けている。

以上が、「メディア・プログラム」の概略であるが、ここで具体的な事例を紹介することでこの政策に対する理解を深めてみたい。「メディア・プログラム」の支援対象となる映像作品は、域内加盟国内のプロダクションが主体となって関与していることが基本的な要件なのであるが、筆者がEUの担当者に聞いたところによると、より強力な支援を受けやすいテーマというものが存在するようである。その典型的な例の一つが、「MEDIA II」の支援を受けた、一九九八年公開のイギリス映画、『エリザベス』(Elizabeth) である。

『エリザベス』は、十六世紀のイングランドに実在したエリザベス一世の半生を描いた映画で、イギリスで制作され、日本でも一九九九年に公開された。ストーリーは、イギリス国教会をローマ教皇庁から独立させたエリザベス一世と、内外のカトリック勢力との確執がメインテーマであるが、注目すべきは物語の地理的・空間的な広がりである。同作品のなかではスコットランド、フランス、スペイン、バチカンなどのヨーロッパ諸国が物語の重要な要素として言及され、登場するというまさに汎ヨーロッパ的な展開をみせる。ここで観客は四〇〇年以上も前からヨーロッパ各国は密接に関係し、相互に影響を及ぼしあっていたという、現在のEUへと続く歴史的な連続性を確認することになるのである。

つまり、こうした汎ヨーロッパ的なモチーフをもつ映像作品は、EUのテクノクラートからみれば、運命共同体としての「ヨーロッパ」を確認させ、「ヨーロッパ人意識」の醸成につながることが期待される、「最も歓迎すべき種類の作品」(トム・ディードリッヒEU視聴覚政策担当官)なのである。この『エリザベス』は、オリジナル言語は英語であるが、「メディア・プログラム」の支援を受け、ヨーロッパ各国の言語による吹き替えや字幕などをつけて、EU域内全域で上映された。

もちろん、「メディア・プログラム」はこうした汎ヨーロッパ的な作品だけに援助をしているわけではなく、一国以上の広がりをもたないその国固有の歴史的事件を取り扱った作品や、その国固有の文化的・社会的背景への理解を前提とした作品にも支援をしている。こうした作品は、一義的には国内のオーディエンスを満足させるために作られており、それゆえ「メディア・プログラム」以前には他国で上映されることがほとんどなかった種類の映画・映像作品であろう。しかし、「メディア・プログラム」ではこうした作品も制作国を越えヨーロッパ域内で流通させることで、「ヨーロッパにおける文化的多様性を確認・保持し、その価値を域内で共有する」（同前）ことを狙っているのである。

こうしたテーマ性のほかに、「メディア・プログラム」選定の判断基準として、独立系のプロダクションや中小規模のプロダクション、さらに商業ベースに乗りにくい良質な作品を作っているプロダクションの作品が好ましいとされている。このため、いわゆる「玄人好み」の作品が対象になりやすく、その証左に、ベルリン映画祭やカンヌ映画祭といった商業的な成功よりもその芸術性が問われる映画祭の受賞作品のほとんどが、「メディア・プログラム」のサポートを受けている。

（2―3）EUの広報活動

「ヨーロッパ人」意識の醸成のためのEUのメディア政策紹介の最後として、EU自体が行なっている広報活動についてみていこう。

EUの広報政策の基本的な理念・目標は、「ヨーロッパ大の公共圏の形成に寄与すること」（アンソニー・オドンネルEUメディアネットワーク担当官）である。ここでいう公共圏とは、共同体に関する公共性の高い問題について市民が意見交換し、議論する場であり空間を指す。EUではこの「ヨーロッパ公共圏」の形成を促すため、「EUの諸活動に関する、バイアスを排した信頼できる情報を提供する」（同前）ことを広報政策の基本方針としている。

具体的には、本稿でメインに扱ってきた視聴覚メディアに注目すると、EUには「視聴覚サービス」部門と呼ばれる部署がある。ここでは主にマスコミ向けの視聴覚情報の提供をサポートしているのであるが、特徴的なのはここが「ＥＵ内の通信社」と呼ばれていることからもわかるように、ＥＵのさまざまな機関で行なわれる記者会見や会議の模様などをテレビカメラで録画し、それをテレビ局などが使いやすいように編集をしたうえで（ただし、コメントなどはつけない）、主にプロ向けに無料で提供している点である。こうしたストレート・ニュース以外にも、企画もの（たとえば地球温暖化に対するＥＵの取り組みのような広報的な性格のもの）や過去の映像資料も制作している。また、域内の言語文化的多様性を尊重する観点から、可能な限り多言語化したバージョンを提供しているのも特徴的である。

こうした映像はＥＵ所有の衛星回線に乗せられていて、各国の放送局は自由にこの映像を使用することができる。重要な記者会見や欧州議会の議論などは、ライブ中継も行なっている。こうした一連のプロジェクトは、「ＥｂＳ」（Europe by Satellite）と呼ばれ、一九九五年から行なわれている。最近では、インターネットを利用した映像提供も行なっており、ここからは企画もののプログラムであれば一般の視聴者も見ることができる。

映像提供と並ぶ広報手段としてＥＵが力を入れているのは、ホームページによる情報提供である。「Europa」と題する公式ホームページは、ＥＵのすべての機関を代表してコミュニケーション総局が担当している。これは、政策に関する広報資料は言うに及ばず、各種議事録や公式文書など、ＥＵの透明性と公開性の原則に従いほとんどの公的資料を入手することができる、公共機関系のＨＰとしては世界最大規模のものの一つである（本稿もインタビュー以外の資料はほとんどこのＨＰから入手している）。もちろん、文字情報だけでなく、ストリーミングを利用した欧州議会のライブ中継なども見ることができる。

このように、ＥＵは広報活動にかなりの人的・財政的資源を割り当てているわけであるが、こうした活動を通じて「ヨーロッパ全土に同じ情報を提供する」（オドンネル担当官）ことを目的としており、それがヨーロッパ公共圏の形成、ひいては「ヨーロッパ人」意識につながることを期待しているのである。

３　まとめ

これまで議論してきたＥＵにおけるメディア関連政策を、原理・目的別にまとめると以下のように整理できる。①域内メディア関連産業の国際競争力の向上（域内の産業的要請）、②ヨーロッパ共通文化の保護・育成（産業的要請およびＥＵの政治的要請）、③「ヨーロッパ公共圏」の創出（ＥＵの政治的要請）、④ヨーロッパの各国文化の多様性の保持（ナショナルな政治的要請）。

このように、ＥＵのメディア政策は、多様な思惑をもった多様な政策が相互に絡み合うような形で存在しているわけであるが、この整理のなかで実はベクトルの方向が全く逆向きのものがあることに気がついただろうか。それは、「ヨーロッパ共通文化・公共圏の育成」と「各国文化の多様性の保持」

という部分である。
つまり、EUを国家に擬する立場からは、全ヨーロッパ規模の情報や文化の共通性を高めたい。一方で、EUは単なる国家連合であるという立場からは、既存の国家・国民単位の文化的な基盤を守りたい。EUのテクノクラートは両者は重層的に共存可能であると主張しているが、たとえば、特に二〇〇四年のEUの東方拡大以降、EUの官僚組織内部およびEU域内のあらゆるビジネスシーンで、英語の事実上のEU標準言語化が加速している。これはヨーロッパ内での情報の共有化や公共圏の創出という点ではプラスに作用するが、文化の多様性の保持という点ではマイナスとなる流れなのである。EUのメディア政策は、このような文化的ジレンマと無縁ではなく、「多様性の中の統一」をスローガンとするEUがどのような着地点を見出していくのか、今後の行方が注目されるといえよう。

［参考文献］

鈴木弘貴「情報化社会をめぐる諸相――国境を越えるコミュニケーションのインパクト」、田中浩編著『現代思想とはなにか――近・現代350年を検証する』龍星出版、一九九六年、所収
鈴木弘貴「『ヨーロッパ人』の誕生？――汎ヨーロッパニュースメディアとその『受け手』に関する一研究」、「東京大学社会情報研究所紀要」第五九号、二〇〇〇年
福田八寿絵「欧州公共圏の構築とEUメディア・コミュニケーション政策」福田耕治編著『EU・欧州公共圏の形成と国際協力』成文堂、二〇一〇年、所収

Harcourt, Alison, *The European Union and the Regulation of Media Markets.*, Manchester Univ. Press, 2005.

Raykoff, Ivan and Robert Deam Tobin eds., *A Song for Europe: Popular Music and Politics in the Eurovision Song Contest.*, Ashgate, 2007.

福祉国家改革における「現代化」と「活性化」について——オランダの事例を中心に

廣瀬真理子

はじめに

少子・高齢化の進行や経済情勢の変化により、ＥＵ諸国のなかでも先進福祉国家と呼ばれてきた国々では、このところ社会・労働政策に抜本的な「見直し」が行なわれている。

ＥＵにおいて、アムステルダム条約（一九九七年）は、経済政策と並んで、初めて雇用と社会政策をＥＵの重要課題として位置づける画期点となった。同条約にもとづき、同年にルクセンブルク雇用戦略が策定され、雇用方針として「就業能力」、「起業家精神」、「適応可能性」、「男女の均等待遇」の四つの柱が掲げられた。なかでも就業能力を改善するために、若年失業者と長期失業者に対する教育・訓練などの積極的労働市場政策が重視されるようになったことは、大きな変化といえよう。

さらに二〇〇〇年に打ち出されたリスボン戦略では、ルクセンブルク雇用戦略とあわせて、今日のＥＵの社会政策を方向づけるうえでの重要な枠組みが示されることとなった。その特徴は、多くの人びとの労働市場への参加こそが、貧困やその他の社会的排除の問題を解消するというみかたであり、労働市場への参加を「社会的包摂（social inclusion）」の前提条件として位置づけた点にある。

多くの加盟国における福祉国家改革もまた、この目標に沿って、「現代化（modernisation）」や「活性化＝就労化（activation）」をキーワードとして、かつての給付を中心とした社会保障から、労働市場への復帰を優先するような制度改正が行なわれてきた。その背景には、グローバル化の波にさらされるEU諸国が、新たな道を模索しなければならない、という現実もある。では、それらにもとづく改革にはどのような特徴が見出せるのだろうか。

また、このような改革を通して、これまでそれぞれ異なった社会・文化的背景にもとづいて築き上げられてきたEU加盟国の福祉国家政策は、今後はEUが示した政策の方向へ収斂していくことになるのだろうか。

本稿では、EUにおける社会保障概念の変化について示したうえで、EU加盟国のなかでも近年、急進的な改革が注目を集めているオランダの事例をとりあげ、ヨーロッパの福祉国家改革の動向についてその一端を紹介したい。なお参照した文献は論文末に列記し、本文中では略記した。

1　「社会保障」概念の変化

かつて国連世界人権宣言（一九四八年）や、国際人権規約（一九六六年）に示された「社会保障（social security）」という用語は、一九九〇年代以降、もっぱら「社会的保護（social protection）」という名称に置き換えられている。国際労働機関（ＩＬＯ）によれば、社会的保護は、「さまざまな偶発的な出来事により所得を喪失するなどの経済的または社会的な問題を抱えた社会構成員に対して、社会が提供する一連の公的な方策であり、医療や子どものいる家族に対する現金給付なども含む」と定義されている（Bonilla García and Gruat: 2003: 13）。具体的には社会保険制度や公的扶助制度がその対象となるが、そのほか、サービスの提供手段として公的機関のみならず、法定外の援助や民間の援助も含めるという点で、「社会的保護」は「社会保障」に比べてより包括的な概念といえる。そして、このＩＬＯの定義は、ＥＵの政策においても、ほぼ同様の意味で用いられている。

さらに一九九〇年代中期には、ＥＵの貧困プログラムにおいて「社会的包摂」の概念が注目を集めたが、それは「貧困の撲滅」から、新しい貧困対策概念である「社会的排除との闘い」への転換を意味するものとなった。すなわち、ここでの「社会的包摂」とは、それまでの「経済的貧困」や「剝奪」などの限定的な貧困概念から、労働生活を含めた社会的な活動からの排除について、結果だけでなくそのプロセスにも着目し、それに対する包括的な対応策として位置づけられている。

このような「新しい」貧困との闘いは、EUにおける福祉国家の「現代化」という文脈において、労働市場の流動化を促進し、労働市場の外部に存在する人びとに対する支援を行ない、できるだけ多くの人びとが職に就けるようにすることで就業率を高める政策として位置づけられることとなった。そのため政府は、労働者に対してより魅力的な「仕事」を提供するいっぽうで、社会保障給付を引き締めるとともに、失業者のなかでもとくに周辺におかれている人びとに対して、積極的労働市場政策などを通して、就職先やその準備のための場所を提供することを優先課題とする。そして、これらの労働市場に密着した社会的保護政策は、近年、「アクティベーション（活性化＝就労化）」や「フレキシキュリティ」という新たな政策概念に沿って、各国で多様な展開をみせている。

以上のような、近年のEUにおける社会的保護政策は、西欧の福祉国家の伝統ともいえる所得再分配制度やセーフティネットの構築など、社会権にもとづいた社会保障の実現をめざすことよりも、雇用を重視して、もっぱら社会的に排除された（または排除されそうな）人びとを労働市場へつなぎとめて社会に統合することを優先しているとみられる。つまり、労働市場に関連づけられた社会保障制度こそが「現代的なリスク」に対応できる制度として重視されるのである。こうした変化をさして、福祉国家による「保障」は、いまや「変化に対応できる能力」になったという指摘もある（Pascual: 2007: 20-21）。

では、次に、EUにおける労働市場に密着した改革の動向について紹介しよう。

2 「アクティベーション」政策

前述のルクセンブルク雇用戦略以来、ＥＵでは多くの雇用ガイドラインが示されてきた。その過程でじょじょに「アクティベーション」政策が導入されたが、それは、主に失業やその他の労働市場から排除されている個々人に対して、就労と自立を強化して社会的統合をはかることを目的とする。「アクティベーション」政策には統一的な定義はなく、それを導入した国々では、社会・文化的背景の違いなどから独自の具体策が展開されているが、そこにはある程度共通する要素も見出せる。

たとえば、求職者への職の斡旋や、社会保障給付に関する公的支援策が、個人を対象とした個別の事象に即した支援となっていることがある。また、就労を促進するための手段が拡大していることも特徴といえよう。さらに、求職者に対して「適職」の範囲を広くとらえて労働市場復帰を促す点や、懲罰的な方法を取り入れている点なども見逃せない（Pascual: 2007: 31）。

このような「アクティベーション」政策に対して、それが市場の力にさらされがちな労働者を保護するというよりは、市場の要請に労働者が適応できるように手助けするものにすぎない、という批判がある（Pascual: 2007: 22）。

また、同政策が積極的労働市場政策の一環とされながら、現実には社会保障給付の受給者が提供した職を受け入れない場合などに、給付の削減や停止などの罰則を課す「ワークフェア」政策へと偏っていることを懸念する声もある（Clasen and van Oorschot: 2002: 235-238）。

さらに、たとえ失業者が職を得たとしても、低賃金であった場合には、安定的な生活が望めないため、同政策によって統計上の就業率の数値を高めても、それがただちに貧困の削減になるとはかぎらない。

換言すれば、「アクティベーション」政策には、社会的に排除された人びとに対して、個別の事情に沿って柔軟に労働市場への（再）統合を可能にするというメリットがあるいっぽうで、雇用の質の確保が不十分であることや、社会保障給付を受給している場合に求職者の就職への動機づけが強制的になる、という点などに矛盾が生じているといえよう。

3 「フレキシキュリティ」政策

「アクティベーション」政策に続いて、ＥＵではこのところ「フレキシキュリティ」政策をめぐる議論がさかんである。「フレキシキュリティ」とは、労働市場の柔軟性（フレキシビリティ）を高めると同時に、雇用の安定性（セキュリティ）を確保する、といういわば一石二鳥の期待がこめられた造語である。近年のオランダとデンマークの良好な経済・労働市場パフォーマンスの要因として、両国の「フレキシキュリティ」政策に注目が集まり、そうした考え方がＥＵの社会・労働政策のモデルとされるようになった。

二〇〇七年にＥＵで合意された「フレキシキュリティ」政策の共通原則は、その構成要素として、①柔軟で信頼のおける労働契約、②包括的な生涯教育、③効果的な積極的労働市場政策、④現代的な社会保障制度、の四つの柱をあげている（Commission of the European Communities: 2007: 5-7, 9）。

たしかに、同政策は、規制緩和によって不安定になる労働市場において、不利益をこうむりやすい非正規労働者などを保護する機能をもつといえよう。しかし他方で、「フレキシビリティ」と「セキュリティ」のバランスをどのように調整していくのかは依然として不明確であり、労働市場の規制緩和により失業者や非正規労働者が増えることを前提とした「セキュリティ」のあり方についても「それは社会的保護なのか、それとも『柔軟な搾取（flexiploitation）』なのか」という疑問さえ投げかけられている（Gray: 2004: 5, 79-80）。

以下では、ＥＵ加盟国のなかでも、労働市場に密着した社会保障改革への転換が積極的に行なわれてきたオランダの事例について紹介しておこう。

4 オランダの労働市場改革

北欧と大陸の福祉国家の要素をあわせもつオランダでは、かつて天然ガスの収益が、為替レートの上昇と国際競争力の低下をまねき、一九七〇年代から一九八〇年代にかけていわゆる「オランダ病」と呼ばれた経済低迷と社会保障受給者の増加と財政難の悪循環が生じた。しかし、一九九〇年代後半には一転して、オランダの経済回復と失業率の低下が「奇跡」と称されるほど周辺諸国から賞賛されるようになった。

労働市場改革のこれまでの経緯についてふりかえってみると、北欧に比べて、オランダでは一九八〇年代まで労働供給制限策が中心であり、積極的労働市場政策の導入が遅れていたといえる。高齢労働者が早期退職により若年者に雇用機会を譲る、といったワークシェアリングが行なわれたが、現実には労働市場のミスマッチも大きく、それは成功をみなかった。さらに、障害保険受給者に混在する「かくれ失業者」の存在は、その後、一九九〇年代にかけて政治問題にまで発展するほど深刻な問題となった。

失業率は一九八〇年代後半からじょじょに低下する傾向にあったものの、そのなかで一年以上継続して失業状態にある長期失業者の比率が低下せず、四割から五割台を占めていた。

そこで、政府がかかげた「アクティベーション」政策は、就労支援策と社会保障給付を関連づけて、失業者にとって失業状態にあることが不利となるような効果をねらった。しかし当初そのもくろみは成功せず、労働市場改革の中心は、伝統的ともいえる使用者への賃金補助や、被用者本人の税や社会保険料の軽減措置などであった。

やがて「アクティベーション」政策の対象範囲はじょじょに広げられ、若年者、障害者、母子家庭の母親などもその対象となった。他方でその手段も多様になり、求職ガイダンスや職の斡旋、被用者本人への賃金補助などが行なわれるようになった。

一九九〇年代を迎えて、ひきつづき労働市場の規制緩和をめぐって協議が重ねられたが、オランダにおいて「フレキシキュリティ」政策にかんする議論は、これまでもっぱら周辺諸国に比べて厳格であった解雇規制の柔軟化に焦点が当てられてきたため、労使間での合意の形成は容易ではなかった。また、女性就労の拡大は、いわゆる「フレキシブル労働者」（派遣労働者、待機して不定期に就労するオンコール労働者、一年以内の有期雇用者）を増やすかたちで進んだため、労働市場の規制緩和とそれらの労働者の保護をめぐって慎重な審議が重ねられてきた（なお、オランダでは、雇用期間の定めのないパートタイム労働者は短時間正規労働者とされ、「フレキシブル労働者」とは区別されている）。

一九九九年に施行された「柔軟性と保障法（Wet flexibiliteit en zekerheid）」は、「フレキシキュリティ」政策の基盤となったが、その前年に制定された労働者派遣法（WAADI: Wet allocatie arbeidskrachten door intermediairs）を再規制するかたちで、派遣業者と派遣労働者との関係がここで明確に位置づけられた。つまり、労働者派遣法が、人材派遣業者の届出義務を廃止し、派遣労働者の雇用期間の制限を撤廃するような規制緩和を行なったのに対して、「柔軟性と保障法」は、いきすぎた規制緩和に歯止めをかけるために、派遣労働者の保護を強めるような規定を設けているのである。

同法は、派遣労働者を団体交渉や団体協約の対象とし、また、有期雇用契約の長期化を避けるために、一定の期間または一定回数の契約を結んだ「フレキシブル労働者」は、期限の定めのない雇用契約を結べることとした（ただし、労使協約が優先される場合は例外とされる）。こうしてみると、オランダの「フレキシキュリティ」政策は、入念に計画されたモデルではなく、試行錯誤の結果であることがわかる。

このように、制度的には「フレキシブル労働者」に正規労働者になる道が開かれたといえるが、実際に本人が望んだ場合に、正規雇用へとスムースに移行できているのだろうか。

これまでのところ、オランダでも企業の管理職などには正規労働者を採用する傾向があり、「フレキシブル労働者」には、専門性がもとめられることが多かった。だが、労働者が専門的技能を有しない場合はトライアル雇用となり、それはあくまでも正規職へのステップとして位置づけられる。「フレキシブル労働者」の多くは、若年者、女性、高齢者、移民である。そのなかで、正規雇用につながる可能性が高いのは若年者であり、また女性に比べて男性のほうが有利といわれている。さらに、相対的に長期契約を結んだ場合に、正規雇用される可能性が大きいといわれる。他方、フレキシブル契約を繰り返す労働者もおり、また、正規労働者であれば無料となる研修費用などが、「フレキシブル労働者」には自己負担であることなど、正規と非正規雇用のあいだには依然として格差もある。さらに、高学歴者にとってフレキシブル雇用からのスタートが不利になる場合もあり、それが正規雇用への橋渡しになるかどうかについては、オランダでも疑問とされている（Need, Steijn and Gesthuizen: 2005: 166-177)。

5　オランダの社会保障改革

では、労働市場の規制緩和に対して、「セキュリティ」の側面はどう変化してきたのであろうか。オランダの社会保障の「見直し」は、一九八〇年代までは、主に受給資格の制限や、給付期間の短縮、また給付額を引き締める方向での改革が中心であった。しかし、一九九〇年代以降は、より労働市場に密着するような社会保障改革が行なわれるようになり、伝統的に現金給付に比重がおかれていた社会保障制度は、補助金雇用や教育・職業訓練などのプログラムと組み合わせた給付へと変化していった。

さらに二〇〇〇年代を迎えてからは、社会保険制度の民営化や、強制貯蓄の考え方に近い「ライフコース制度」の導入などにみられるように、社会保障制度には自己責任原則が強まり、伝統的な社会連帯よりも個別の事情を勘案した制度へと転換されつつある。

たとえば、失業者に対する失業保険給付は、給付条件や給付期間、給付額などが段階的に引き締められている。また、とりわけ中高年者が失業に直面した場合や、虚弱になって働けなくなった場合には労働市場への復帰が困難であることから、年金の支給開始まで、財源を公費でまかなう給付制度が設立されてきたが、最近では、支給にあたって配偶者の所得も考慮するなどの改正が行なわれている。

また、長年の懸案であった、障害保険の受給者に混在する「かくれ失業者」の問題に対しては、二〇〇二年に「ゲートキーパー法」(Wet Verbetering Poortwachter) が施行され、傷病給付の支給期間が満了した被用者に対して、ひきつづき障害保険を支給するのではなく、労使ができるだけ協力して、労働市場へ再統合する方策が検討されている。

その傷病給付制度 (ZW: Ziektewet) であるが、一九九六年よりその大部分は社会保険制度から使用者が責任をもつように変更され、使用者が契約する民間保険を通じて給付が行なわれるようになった。しかし、傷病給付の支給期間をすぎても労働市場に復帰できないような障害を有する被用者に対しては、政府が新しい障害保険制度 (WIA: Wet werk en inkomen naar arbeidsvermogen) の下で、申請から給付までの手続きを行なう運営機関を再編し、また、障害認定をきめ細かくするなどして、受給者数を減らすことに懸命である。

また、最低生活を保障する公的扶助制度についても二〇〇四年の抜本的な改正において、根拠法の名称が「就労と扶助法 (WWB: Wet werk en bijstand)」になったことからも明らかなように、個人の責任と労働市場への復帰が最優先されている。そのため申請者には求職登録が義務づけられるほか、いわゆる「ワークフェア」が導入されており、受給者には職業訓練コースなどへの参加を義務づけて、それを怠った場合には給付を減額するペナルティが設けられた。特筆すべきは、従来は伝統的な家族観にもとづいて、子育て中の母子家庭の母親は就労義務を課されずに、同給付を受けながら子育てに専念することが可能であったが、新制度では、ひとり親である母親にも求職活動が給付の条件とされるようになった点である（その後、見直しが行なわれ、幼い子どもを育てている母子家庭の母親には一定期間、求職活動の義務が免除されることになった。しかし、最近ふたたびこの免除規定が撤廃されることが決まっている）。

他方で、急速な女性就労の高まりによって、育児休業や保育サービスの整備が喫緊の課題となった。オランダでは育児休業に対する所得保障が法定化されていないため、公務員と一部の特殊職域の職員に所得保障があるほかには、給付の有無は労使協約にまかされている。前述の「ライフコース制度」を利用すれば、労働者個人がみずからの所得の一部を貯蓄しておき、税控除のメリットを使って、その貯蓄を子育てや、それ以外の自己研鑽や段階的な退職など、無給で休業する期間の所得保障にあてることができる。労働者のニーズの多様化への対応策ともいえるが、みかたを変えればそれは、伝統的なオランダの福祉国家が築いた所得再分配機能を有した社会保障給付から、労働者の自己責任を基盤にすえた個人勘定による制度への転換ともいえる。

おわりに

以上、ＥＵの社会保障概念の変化について概観することからはじめ、近年の労働市場と密着した社会的保護政策について紹介した。ＥＵが提唱している「アクティベーション」政策や「フレキシキュリティ」政策は、一見したところ「新しい」アイデアとして紹介されており、福祉国家が新しい環境にみずからを適応させるための政策として重視されている。

しかしながら、それらの政策を導入した模範例としてしばしば注目されるオランダの具体的な制度・政策を詳細にみると、もっぱら労働市場への（再）統合をねらった「アクティベーション」や「フレキシブル」政策が先行しており、社会保障給付など「セキュリティ」政策の側面についてはむしろ、公的責任を後退させ、自己責任化を強めるような方向での制度改正が続けられている。それは、アメリカに代表されるような小さな政府を標榜する、いわばアングロサクソン的な福祉国家に近づいているとみることもできる。

西欧の福祉国家は、このままアングロサクソン的な福祉国家への傾斜を強めていくことになるのだろうか。それとも、北欧や大陸のように異なる背景をもつ福祉国家が、ＥＵの政策と自国の文化・伝統を調整しながら、そろって「混合型の福祉国家」へと収斂していくのだろうか。グローバル化は福祉国家の多様性にも確実に影響を与えつつあるといえよう。

［参考文献］

Clasen, Jøchen and Wim van Oorschot (2002), "Work, welfare and citizenship: diversity and variation within European (un)employment policy", in Jørgen Goul, Andersen, Jochen Clasen, Wim van Oorschot and Knut Halvorsen (eds.), *Europe's New State of Welfare*, Policy Press, Bristol.

Commission of the European Communities (2007), *Towards Common Principles of Flexicurity*, Commission of the European Communities, Brussels.

Bonilla García, A. and J. V. Gruat (2003), *Social Protection*, ILO.

Gray, Anne (2004), *Unsocial Europe*, Pluto Press, London.

Need, Ariana, Bram Steijn, and Maurice Gesthuizen (2005), "Long-term effects of flexible work", in Bram Peper, Anneke van Doorne-Huiskes, and Laura den Dulk (eds.), *Flexible Working and Organisational Change*, Edward Elgar, Cheltenham.

Pascual, Amparo Serrano (2007), Reshaping Welfare States, in Amparo Serrano Pascual and Lars Magnusson (eds.), *Reshaping Welfare States and Activation Regimes in Europe*, SALTSA, P. I. E. Peter Lang, Brussels.

廣瀬真理子「ＥＵ社会政策とオランダ福祉国家の変容」『福祉社会学研究』第二号、東信堂、二〇〇五年
廣瀬真理子「岐路に立つオランダの福祉国家」『聖学院大学総合研究所紀要』第四四号、聖学院大学総合研究所、二〇〇九年

ベルギーと欧州統合——EU大統領・その後のベルギー

松尾秀哉

1 「ベルギーの首都」から「ヨーロッパの首都」へ

ベルギーの首都であるブリュッセルは、かつてブラバント公国の中心都市であった。その中心部に位置するグラン・プラス（大広場）には、ここが中世以来、西欧の交易拠点として発展してきたことを感じさせる独特の雰囲気がある。

他方で、ブリュッセル南東部にはEUの本部が置かれている。高級ブランド店が並ぶ（日本で言えば銀座にあたる）ルイーズ広場からシューマン広場へ向かっていくと、やがてSF映画に登場するような、巨大な現代風建築物がいくつか目に入る。ルイーズ広場周辺は、高級ホテルや高級ブランド店が並ぶといっても、グラン・プラス同様の古い町並みを残している。しかし、シューマン広場が近づいてくると、景色が一変する。あまりに巨大な、ガラス張りの建物群が現われる。これらが、EUの本部や、それに付随する資料館などの建物である。

さらに、もし読者の方がこの周辺を散策されるなら、現在もこうしたEU関係の建築物が、新しく、次々と建てられていることにも気づくはずである。シューマン広場周辺はいま、いたるところが工事中である。この光景は、十六世紀以来の伝統を残した、ブラバント公国の歴史的中心都市であり、ベルギーの首都であるブリュッセルが、「ヨーロッパの首都」へと変貌しつつあることを意味している。否、換言すれば、あたかも「欧州連合」という現代の怪物に、古都ブリュッセルが侵食されているようにも映る。

こうしたなかで、リスボン条約の締結にともない二〇〇九年に選出された初代欧州理事会常任議長（以下、EU大統領）は、当時ベルギーの首相であったヘルマン・ファン・ロンパイであった。これによってベルギーは、いっそうEUでの役割を重くする。

しかしその後、ベルギーはフラマン民族とワロン民族との対立が再び――この「再び」の意味は後述する――政治化し、分裂危機に陥った。二〇一〇年六月の総選挙では、フラマン系民族主義政党、「新フラマン連合」が第一党となり、連立政権形成交渉が難航している。一方でリスボン条約の成立という「欧州統合の深化」と、他方でベルギーの「分裂危機」という状況を、どのように理解すればよいのだろうか。

かねてから、欧州統合が進展すれば、国民国家の役割が相対的に低下し、また地域主義が台頭する可能性が指摘されてきた（梶田孝道『統合と分裂のヨーロッパ――EC・国家・民族』岩波新書、一九九三年）。もしベルギーがその最たる例だとすれば、欧州統合がより制度化され深化していくにつれ、ベルギーは分裂してしまうのだろうか。

本稿では、あまり知られることのないベルギーの分裂危機を紹介し、それと欧州統合の深化との関係を検討する。以下、次節でベルギーの欧州統合に対する態度を振り返り、次々節以降、ベルギー分裂危機の概要を述べる。そのうえで欧州統合と分裂危機の関係を考察し、今後のベルギーについて筆者の見解を記したい。

2　ベルギーと欧州統合

欧州統合の歴史において、ベルギーはたしかに統合推進国であった。その節目となる条約のほとんどをベルギーは率先して批准してきた。そして一九四四年の「ベネルクス関税同盟」は欧州統合の始まりと位置づけられ、さらに欧州経済共同体（当時）の本部がブリュッセルに置かれた。

なぜベルギーは欧州統合を積極的に推進したのだろうか。たとえば小久保康之は「いかにして独仏という大国支配構造から小国ベルギーの国益を守るか」がベルギーの第二次世界大戦後の最重要政策課題であったと述べる（小久保康之「ベルギー――拡大EU統合の新たな牽引者を目指して」、大島美穂編『EUスタディーズ3　国家・地域・民族』勁草書房、二〇〇七年、一五七ページ）。ようするに、フランスとドイツという二大国の対立、その脅威を背景に、小国ベルギーは自己防衛的に欧州統合を推進するようになったと理解される。こうした理解はおおかたの歴史を説明しうるだろう。

ただし、筆者はかつて別稿で、以上の通説とは多少異なる解釈を提示したことがある。もし仏独対立が脅威であったならば、ベルギーが「ベネルクス」という枠組みを急いだのはなぜだろうか、ドイツの侵略に対する脅威があったのであれば――両大国が争えば、小国が結束してもひとたまりもなかったはずだろうから――まずフランスとの同盟を重視してもよかったのではないか、等の疑問が生じたからである。

筆者はそのさい歴史を遡ることを通じて、具体的にはベネルクス関税同盟の先駆けとされる一九二一年のベルギー・ルクセンブルク経済同盟の成立過程を見直し、じつはベルギーが欧州統合に積極的である理由は、自己防衛的な対外政策理念からではなく、より対外的に攻撃的な「失地回復運動」、すなわち併合主義が根底にあると主張した。一八三九年のロンドン会議はベルギー独立を国際的に承認したが、それと引き換えに大国は、ベルギーが欲していたルクセンブルクを実質的にオランダの支配下にとどめたのである。

その後、第一次世界大戦においてベルギーはドイツに占領されていたが、その特殊な状況下で、この失地を回復しようとする「大ベルギー構想」が台頭した。この時期、ベルギーは、ルクセンブルクのみならず、オランダの一部までを併合しようとしていた。当時の外相であるポール・ユイマンスによれば、これはたんなる征服者としての幻想ではなく、一八三〇年のベルギー国独立時の創始者によって描かれた、あるべき姿、すなわち「理想」のベルギーを回復しようとする野望であった

(Hymans, Paul, *Memoires*, Brussels, 1958, tom. i, p. 286)。結局、これは大国の干渉等により挫折し、その行き着いたところが、ルクセンブルクとの経済的同盟関係であった。つまり、ベルギー・ルクセンブルク経済同盟は、ベルギー併合主義の帰結であった（拙稿「ベルギーの初期欧州統合政策——一九二〇・三〇年代を中心に」、聖学院大学総合研究所編「聖学院大学総合研究所紀要」四三号、二〇〇九年、三六三——三九六ページ）。

この仮説を前提とすれば、欧州統合の歴史においてベルギーは、フランス、ドイツ、イギリスといった大国の包囲網のなかで、自国の利益を拡大しようと画策してきたことになる。ローマ条約において欧州経済共同体の本部がブリュッセルにおかれたさい、推進者であるジャン・モネは以下のように述べている。「しかし、第二の問題（主要機関の所在地）についてはそう簡単には決着しなかった。というのも、わたしは、共同体は全部一ヵ所で活動することと、その場所にはヨーロッパとしての法的身分を与えることを希望していたからである。一九五八年一月には、この問題が完全にこじれてしまった。……ベルギーの代表などは、実行委員会を不満として、数ヵ月出席を拒否した。とにかく、新しい『機関』だけはブリュッセルに置くことにした。」（ジャン・モネ著、黒木壽時訳『ECメモワール——ジャン・モネの発想』共同通信社、一九八五年、一三二——一三三ページ）

ここには本部設置に向けた、ベルギーの非協調的な態度が垣間見える。これもまた欧州のなかで、自国の利益を求めたベルギーの態度の表われだと受け止めることができる。

そしてまた、ベルギーにおいてはEUを統一的な超国家的政治体とするのではなく、連邦国家としようとする主張が比較的強いことを指摘しておきたい（Verhofstadt, Guy, The United States of Europe, The

Federal Trust, 2006. 筆者のヒー・フェルホフスタットは、一九九九年から八年間ベルギーの首相であった)。ＥＵの東欧拡大が進むなかで小国ベルギーの利益を死守するためには、人口比例で代表者数を決めるシステムは受け容れがたく、各国が同数の票と決定権を有する連邦制こそが理想であった。

ベルギーにとって欧州統合とは、失われた自国利益を取り戻す政治過程でもあった。だからこそ、戦後しばらくのあいだ、ベルギーの与党は「欧州統合を前進させたこと」をしばしば成果として誇示して選挙を戦った。この間、北大西洋条約機構で活躍したピエール・アルメルを輩出したキリスト教民主主義政党や、一九五〇年代に欧州石炭鉄鋼共同体を率いたポール＝アンリ・スパークを輩出した社会党が安定的に支持されていたのも、欧州統合を進めることがベルギー国民にとって独立時以来の「野望」だったからなのである。逆に言えば、欧州統合はベルギー国民をひとつにまとめ、統合するための手段にもなったのである。

もしそうであるならば、ベルギーで、二〇〇九年、初代の欧州理事会常任議長が誕生したことは、同国民にとって誇りのはずである。しかしそうしたなかで、ベルギーはくしくも分裂危機に陥ってしまった。次節ではこのベルギー分裂危機の概要を説明する。

3　ベルギー分裂危機

ベルギーは「西欧の十字路」と呼ばれる交易の拠点に位置したため、大国により繰り返し支配されてきた。その歴史のなかで、イギリスやフランスのような強力な国民国家を早期に形成できず、ベルギーは複数の民族で構成される多民族国家となった。ベルギー北方にはゲルマン系フラマン民族が、そして南方にはラテン系ワロン民族が住む。前者がオランダ語、後者がフランス語を使用するため、この民族対立は「言語紛争」と呼ばれている。

一八三〇年、この国がオランダの支配から独立したさい、当初はワロン民族が話すフランス語による言語一元化政策が進められた。オランダの支配が及ぶ以前の一七九二年から一八一四年まで、この地は革命直後のフランスの統治下にあり、革命思想の伝播のために徹底したフランス語教育政策が遂行されていたからである。また、当時ワロン地方は西欧の大陸ではもっとも早く産業革命を成し遂げ、鉱工業を中心に経済的繁栄を迎えた。その結果として、この地ではフランス語を話すことのできる者のみがエリートになれるという「政治的・経済的不均衡」が定着した。この不均衡に対抗して、十九世紀末からフラマン民族による抵抗運動が生じ、その争いが「言語紛争」と呼ばれてきたのである。

独立以降、徐々に公的な場においてのオランダ語使用権利が認められた。一九三〇年代にはフラマン地域でのオランダ語の使用が認められ、さらにフラマン地域にある首都ブリュッセルは歴史的にフランス語話者が多く住んでいるため、例外的に「両語圏」と規定された。しかしこの段階でも、ベルギーではフランス語を話せないとエリートにはなれなかった。

その後、戦後のベビーブームで急激にフラマンの人口が増加し、また豊かな港をもつ同地域に外資が集中して五〇年代以降、経済が急成長した。それとは対照的にワロン経済をささえていた石炭の需要が国際的に低下しつつあった。これらを背景に、フラマン側が現状に見合った制度改革を要求して、六〇年代には両言語の対立は激しいものとなった。デモや暴動が頻発し、議会も言語の別で対立し、しばしばベルギーは政治的危機に陥った。これを解決するために、ベルギーはそれぞれが自律的に政策決定を行なうことができるように、およそ四半世紀をかけて「連邦国家」の形態を整備し一九九三年、公式に採用した。フラマン、ワロンそれぞれの地域・民族にかかわる政策領域についてはそれぞれが自律的な政策決定を行ない、国家全体にかかわることについては、中央（連邦）政府にそれぞれの代表者が集まり、話し合いで決定できる制度を採ったのである。この制度によってベルギーの言語紛争は解決されることが期待された。にもかかわらず、なぜ分裂危機が生じたのか。

（1）その背景

分裂危機の始まりは二〇〇七年六月の総選挙後であった。主な原因は、良好な経済状態を維持するフラマンと、経済不況にあえぐワロンとのあいだの経済格差にあった。戦後の対立の背景となった格差はいっこうに是正されていない。現在では各フラマンの家庭がワロンの家庭に対して五年ごとに新車を一台買い与えているという試算もあるほど両「言語」間の所得格差と税負担の格差が拡がり、フラマン側では社会保障財源の分割を求める声が高まっていた。

さらに二つの民族の関係を複雑にしているのが、ブリュッセル周辺域の選挙区問題である。この周辺域はオランダ語圏と規定されてはいるが、首都への通勤・通学に便利なためフランス語系住民も住んでいる。そうした言語・民族が重複する地区の言語マイノリティが行政・教育上の不利を被ることのないように、ベルギーはさまざまな特例措置を設けてきた。とくにブリュッセル周辺域については、オランダ語圏に住むフランス語マイノリティがフランス語系政党に投票できるように、便宜的にブリュッセル（両語圏ゆえフランス語系政党も立候補している）と同一の選挙区とした。そうすることでフランス語マイノリティの政治的権利を守ったのである。しかしこの措置は、本来の規定を前提にすれば相対的にブリュッセルのフランス語政党に有利に作用する。そのためフラマン側は、その後しばしばブリュッセルと周辺地区との選挙区分離を要求してきた。

連邦化を経て、二〇〇二年に選挙区改革が行なわれたが、このときこの周辺域の問題は改革の例外とされた。これは、やはりフランス語系マイノリティの政治的利益に配慮したためであったが、この便宜措置の存続にフラマン側が憤慨した。その後、フラマン諸政党は一致して署名を提出し選挙区分離を要求した。しかしこの周辺地区のフランス語住民の票を失えば、ブリュッセル選挙区でフランス語系政党が議席を失う可能性がある。今度はフランス語系政党がフラマン系諸政党の行動にいっせいに抵抗した。結局、フラマン系自由党のフェルホフスタット政権（当時）は、二〇〇七年の国政選挙までこの問題を「凍結」した。これによって二〇〇七年の総選挙は必然的に選挙区分離問題を争点としたのである。

（2）危機の過程

この選挙の結果、勝利したのは野党、フラマン系キリスト教民主主義政党である「キリスト教民主フラマン党（CDV）」であった。党首イヴ・ルテルムはフラマン有権者の支持を集めるため、選挙区分離問題について「一切の妥協はしない」と訴え、さらに「フランス語話者にはオランダ語を理解できない」など過激な民族主義的発言を繰り返した。それによりルテルムは圧倒的な支持を得て勝利した。言語紛争をじかに争点とする選挙で、野党側がそれぞれの支持を高めるために民族・言語主義的な主張をすることは、至極当然のことである。

しかし、その後の連立政権形成交渉は時間を要し、およそ二〇〇日の政治的空白を経験した。フラマン、ワロンとも、公約に掲げたそれぞれの民族的利益を主張し、合意形成は困難であった。そしてこの間、ベルギーのマスコミ、世論、そして一部の政治家も「もはやひとつのベルギーという国家は不要なのではないか」「フラマンは独立すべきである」との議論に支配されていた。これがいわゆる「ベルギー分裂危機」である。

六月に選挙が行なわれて以来、第一党党首であるルテルムを中心に連立交渉が進んだ。しかしフラマン系諸政党とワロン系諸政党は、それぞれの公約に固執し、分権化の是非をめぐって意見が対立した。後者は、もし財源を分割されれば、多くの失業者を養っていけなくなる。とくにフラマン系民族主義政党である新フラマン連合と、ワロンの利益を守ろうとするワロン系キリスト教民主主義政党との対立は激しく、後者の党首ジョエル・ミルケは「マダム・ノン」と揶揄された。八月には交渉がいったん暗礁に乗り上げ、ルテルムは連立政権形成を断念する。このころには「連立交渉のゆくえ次第で、ベルギーが分裂するかもしれない」などの発言がワロン系政治家から相次いだ。

その後、八月末に下院議長であったCDVのファン・ロンパイが連立交渉担当者を決定するために各党の意見を調停した。彼は学者肌の人物であり、当初はワロン側にも適任だと支持されていた。しかし、不幸にも、この時期は、ブリュッセル周辺をコースとするサイクリング・イベントの直前であった。このイベントはしばしば政治的に利用される。つまり、オランダ語圏にもかかわらずフランス語住民が多く住む地区を通りすぎるため、周辺地区の言語状況が浮き彫りとなるのである。フラマン側、特に民族主義政党は、いっせいに選挙区分割問題を政治的課題として掲げ、「これが〔統一ベルギーで行なわれる〕最後のイベントだ」と主張するようになった。

これ以上の混乱を避けるために、ファン・ロンパイは民族主義政党との連立交渉を中止し、環境政党と組む交渉を開始した。しかし、環境政党側は当初ルテルムの施政方針案に含まれていた原子力発電所の増築撤回を要求したため、この交渉はまとまらず、ファン・ロンパイは調停役を辞任する。

このファン・ロンパイの辞任後、マスコミ、世論では交渉の長期化にたいする不満が巻き起こり、

「EUが財政の縛りを設けているからいけない」「社会党が交渉に入らないのがおかしい」などさまざまな意見が乱立し、「ベルギー分裂の場合のブリュッセルのシナリオ」が問われるほど、混乱の様相を呈している。

こうした混乱を受けて、ここまで連立交渉からはずれていた社会党が加わることで、多数を確保しようとする動きが活発になる。国王は再び第一党のルテルムを連立政権形成交渉の担当者に指名し、交渉が再開されることとなった。しかし、なぜルテルムであったのか。ファン・ロンパイは、失敗の可能性を覚悟しながらも分権化改革をCDV主導で進めようとしたと言われている。一度信頼を失ったルテルムによる連立交渉により、いっそう事態は混乱した。フラマン政府側は独自に分割決議を通そうとし、ワロン政府側は拒否権を発動して対抗した。

同時期、ブリュッセル周辺地区の市政レベルでも混乱が生じていた。周辺地区でフランス語住民に支持された市長三名を、それを管轄するフラマン政府が解任するという事態が生じ、それをめぐるデモなどが生じていた。こうした社会不安が政治的解決を急がせた。

結局、ルテルムは結論を急ぎ、分権化改革の是非を対象政党に問うことになる。しかし、このルテルムの問いかけにどの主要政党も回答せず、結局、ルテルムは組閣担当者を再び辞任することとなる。

結果的に次年度予算の決まらぬなかで、国王は十二月に、安定した政権を維持した前首相であり、当時、CDVが連立交渉で失策を続けたためベルギー国民からもっとも信頼できる政治家として支持を高めていたフェルホフスタットに組閣を依頼し、彼による暫定内閣が誕生した。

こうして「分裂危機」は、いったん回避され、二〇〇八年三月にルテルムが政権を引き継いだ。しかし、あまりに長期にわたった政治的空白の責任を問われ、政権は当初から不人気であった。さらに彼は、公約として掲げたフラマン、ワロン分権化を期限までに実現することができず、結局、同年十二月に、わずか九カ月で辞職し、ファン・ロンパイに政権を譲ったのである。

（3）分裂危機、再び

ファン・ロンパイの下で、ベルギー政治は若干の落ち着きを取り戻したように思われた。彼は在任中、選挙区分割問題の調査委員会を立ち上げるなどの対応を採ってきた。しかし、二〇〇九年十一月末、このファン・ロンパイがEU大統領になったのである。ファン・ロンパイは分裂危機の政治過程において、主要政党とルテルム、そして国王の間を走り回った調停者であった。しかし、そのファン・ロンパイがEU大統領となりベルギーの首相を辞さざるをえなくなった。その後任に選ばれたのは先の分裂危機の主役、ルテルムであった。

この第二次ルテルム政権はやはり選挙区分割問題を解決できず、四カ月で再び総辞職することとなる。本稿の冒頭に「再び」と記したのは、その理由による。その後、前述のように二〇一〇年六月十三日に総選挙が行なわれ、フラマン民族主義を掲げ、フラマンの分離・独立を謳う新フラマン連合が勝利した。分裂危機の一因を担った新フラマン連合が勝利する一方で、ワロン系社会党が、「自由、平等、連帯」という古典的な社会民主主義のイデオロギーを謳って分裂危機と一定の距離を保ち、第二党へと躍進した。

二〇一〇年選挙後、連立政権交渉は二〇〇七年以上に難航している。民族主義政党である新フラマン連合のデ・ヴェーフェルの首班を嫌い、選挙直後はワロン系社会党のエリオ・ディ・ルポが首相になると目された。しかし、「ワロンに支配されるベルギー」をフラマン諸政党は拒絶している。社会保障の分権化ではじょじょにワロン側が譲歩を迫られているようにも映るが、最も重要な争点であったブリュッセル周辺域の選挙区問題では一切譲歩しなかった。二〇一〇年十二月には、ヨーロッパが酷寒の冬を迎えるなか、デ・ヴェーフェルとディ・ルポは同じ交渉の席につくことさえ拒絶するようになる。そのたびに国王は、二人を仲介して妥協案を提示する「交渉者」を指名するが、交渉者による妥協案も、当時のフラマン側には受け入れがたいものばかりであった。互いに「顔も見たくない」と言っている間に時間は過ぎ、政治的空白は二〇〇七年の一九四日をはるかに超え、一年以上に亙り、史上最長記録を更新し続けている。この間、既に辞職したはずのルテルムが暫定（「暫定」とは言っても、「事務管理」以上の権限は与えられていない）政権を担い、予算を決定し政治を運営している。しかし、「事務管理」政権には憲法上予算決定権は与えられていない。国王からの指示で決定しているものの、憲法違反である。

このようにベルギーの先行きは不透明であるが、次節ではベルギーの分裂危機と欧州統合の深化との関係を整理したい。そののちにあらためて今後のベルギーに対する筆者の見解を述べる。

4　欧州統合とベルギー分裂危機

二〇〇七年以降のベルギー分裂危機は、以上に見てきたとおり、経済格差と再分配の問題、そしてそれを背景にした政党間競合の激化によって論じられるべきで、すなわちきわめて国内的な問題ととらえることが適切だろう。

しかし欧州統合の深化がベルギーにとって重大な重荷となった可能性がある。ひとつは、EUによる財政の縛りである。加盟国に課せられた財政条件が各国国内政治に影響を及ぼしていることは、直近のギリシア経済危機を始めとするPIGS問題（ポルトガル、イタリア、ギリシア、スペインの経済的不信をさす。近年はイタリアではなくアイルランドを含むとする見解が主流）でも明らかである。ベルギーにおいても、二〇〇九年のGDP成長率は国際的な経済不況の影響でマイナスに転じ、対GDP比財政赤字は五・七％にまで一気に跳ね上がっている。失業率も約八％と高い水準のままである。二〇一〇年一月にはベルギー最大のビール・メーカーであるアンハイザーが人員削減を発表し、その後、労働者のストライキが続いていた。このような経済状況においては、先のワロンとフラマンのあいだの経済格差と税負担の格差という問題が再燃することになる。一部では、PIGSの次はベルギーかとの声も挙がっているほどである。ただし、これを欧州統合の深化の影響と評価するのはやや単純にすぎるだろう。少なくとも分裂危機が生じていた二〇〇七年の時点では、実質ＧＤＰ成長率は二・八％と比較的良好に推移していた。必ずしも財政が今回の分裂危機を誘発したと言うことはできない。

より重要な問題は、「人材」である。ステファン・フィエルスらによれば、ベルギーの首相はＥＵ本部所在国の首相として注目され、また権限を得て、結果的にベルギーは「大統領制化」（近年の政治的リーダーシップ論で述べられる用語で、議院内閣制のもとであっても、首相が、非公式ではあるが大統領に匹敵する権力を有するばあいがあるとするもの。わが国では小泉純一郎政権がその例に挙げられる）するという（Fiers, Stefaan and Andre Krouwel, "The Low Countries: From 'Prime Minister' to President-Minister," Thomas Poguntke and Paul Webb eds., *The Presidentialization of Politics, A Comparative Study of Modern Democracies*, Oxford University Press, 2005）。しかし逆に言えば、ベルギーの首相は外交（ＥＵ対応）に時間を奪われることも意味するだろう。ベルギーの首相は、内政に時間をかけられないのである。たとえば先に挙げた選挙区分割問題を「凍結」した首相フェルホフスタットは、当時、議会での答弁や施政方針演説で必ずといっていいほど、欧州統合の推進に言及していた。フランス、オランダが欧州憲法条約の批准を否決した当時、ベルギーの首相として彼はそうせざるをえなかったのである。

このような、政治的リーダーの資源が枯渇するという問題は、さらにリスボン条約の発効において、人材そのものが根こそぎ奪われるという事態に発展した。言うまでもなく、それはファン・ロンパイのことである。

わが国では、ベルギー分裂危機におけるファン・ロンパイの役割が高く評価されて報道されている（彼の「俳句好き」が好意的に受け止められているのかもしれない）が、前節で述べてきたように、具体的に彼が二〇〇七年以降の危機において尽力してきたことは、じつはそれほど当を得たものではなかった、というのが筆者の現在の見解である。彼の調停は失敗続きであった。それでも彼が調停者として動き、また扇動者とも映るルテルムの後任として首相の座に就いたことは、ベルギーにとって幸いであった。気に入らぬことがあればすぐにそれを顔に出し、マスコミに撮られるルテルムと比べ、ファン・ロンパイはあくまで「ねばり強さ」で難局を乗り切った。「ねばり強さ」とは、十九世紀の欧州外交における「奥義」であると言われている（君塚直隆『パクス・ブリタニカのイギリス外交――パーマストンと会議外交の時代』、有斐閣、二〇〇六年、一一ページ）。十九世紀の欧州外交の「奥義」と現代ベルギーの国内政治を対比することは筋違いかもしれない。それでもこの「奥義」こそが、じつは欧州の政治を伝統的に支えてきたように思われてならない。

その不可欠の資質を有するファン・ロンパイが首相を辞めざるをえなかったのである。分裂危機が現実の問題となっているベルギーにとって、欧州統合は人材を奪う装置と化した。そして、いったん治まっていた分裂危機が二〇一〇年六月の選挙で再燃したのである。

かつては欧州統合の進展がベルギー政治の安定に寄与した。しかし、EU大統領が制度化され、統合がいっそう深化していくなかで、ベルギーは再び混乱に陥ることになった。おそらく伝統的な「奥義」を有するEU大統領ファン・ロンパイなら、EUにおけるさまざまな問題について「ねばり強く」交渉し続けることはできるだろう。しかし、ベルギーはどうなるのか。最後に、ベルギーの今後について、筆者の見解を記して本稿の結びとしたい。

5　新政権樹立の可能性？

ここまで述べてきた分裂危機が、たんに政党間競合に起因するのであれば、ベルギーが分裂することはありえないだろう。政党が選挙に勝つために、その「票田」である国家自体を分かつことは、合理的に考えればありえないからである。

二〇一一年の三月には、デ・ヴェーフェルに近しいCDVのウォルテル・ベーケが交渉者となり、その尽力によって、五月にディ・ルポが首相候補となった。しかし、ディ・ルポの施政方針案に対して、七月七日にはフラマン諸政党が共同で反対声明を発表した。詳細は現在調査中のため別稿に譲りたいが、ブリュッセル周辺域選挙区をブリュッセル選挙区から分割してもいいとワロン側が譲歩しているにもかかわらず、である。このディ・ルポ案の頓挫によって、他政党はその後、七月末から、第一党である新フラマン連合をはずした多数派形成に急速に動き始めている。本書が刊行される頃にはそのようなニュースが届くかもしれない。

しかし、もし新フラマン連合をはずす政権ができたとしても、フラマン選挙区の最大政党である新フラマン連合や、他の民族主義系政党を野党とする議会が十分議会として機能するだろうかという懸念はなくならない。まずは「事務管理」内閣が立てた予算案などを追認する作業に追われるだろうし、ブリュッセル選挙区をどの境界線で再び区切りなおすかという難しい問題を、新政権は抱えるだろう。

そもそもデ・ヴェーフェルと近しいベーケや、CDVの保守派であるクリス・ペテルスが第一党である新フラマン連合なき政権に同意するかどうかも難しい問題である。政府が決まらないなら、「秋にはもう一度選挙を」という声（プランB）が日増しに強くなっている（しかし、もしそうなったとしても結果は変わらないだろうという意見も根強いし、そもそも暫定的な、単なる「事務管理」内閣に議会を解散させることができるのかという問題もある）。いつまでも政府が決まらないことにも驚くが、決まらないまま選挙を行なうとなれば、これは実質的に多数決による決定を意図してきた、従来の民主主義モデルに対する疑義を提起する。ブリュッセルという都市の意義、そして国民国家の変容、さらには民主主義のあり方。リスボン条約以降、ベルギーそしてヨーロッパはあらためてこれらの課題に直面する。

二〇一一年の二月、すなわち政治的空白の史上最長記録を更新した頃には、各地で規模の大小を問わずデモが生じた。若者たちが「ベルギー存続」を求め立ち上がったのである。これを聞いて、デ・ヴェーフェルは露骨に嫌な顔をしたという。そのことが停滞するベルギー政治を動かしたのだとすれば、最終的に「ベルギー」を担保し守るものは、やはりベルギー国民であると思われてならない。

［参考文献］
松尾秀哉『ベルギー分裂危機——その政治的起源』明石書店、二〇一〇年
松尾秀哉「ベルギー分裂危機と合意型民主主義」、田村哲樹・堀江孝司編『模索する政治——代表制民主主義と福祉国家のゆくえ』ナカニシヤ出版、二〇一一年、所収
小島健『欧州建設とベルギー——統合の社会経済史的研究』日本経済評論社、二〇〇七年
ウィルフリード・スウェンデン『西ヨーロッパにおける連邦主義と地域主義』山田徹訳、公人社、二〇一〇年

追記
本稿第一〜四節は科学研究費補助金（五〇四五三四五二）、第五節は同補助金（二三四〇二〇一九〈研究分担者〉）の成果の一部である。

ヨーロッパにおける領域的空間の変質——オーレスンド・リージョンの事例に沿って

穴見　明

1　オーレスンド・リージョン

デンマークの首都であるコペンハーゲンはオーレスンド（Öresund）と呼ばれる海峡に面しており、海峡をはさんで向かい側はスウェーデンのマルメである。かつては、コペンハーゲンから対岸のマルメまで行こうとすれば、両岸を結ぶフェリーか高速艇を使うのが普通の手段であった。現在、コペンハーゲン国際空港に降り立った旅行者は、空港に隣接する鉄道駅から列車に乗れば、乗り換えなしで、およそ二十分でマルメ中央駅に到達することができる。両岸をつなぐ橋が二〇〇〇年七月に開通したためである。このオーレスンド橋は、国境をまたぐ両岸の地方自治体間の協力体制の形成にとっての最も重要なインフラストラクチャーであるとともに、その象徴であると言ってもよい。

この国境をまたぐ協力体制はオーレスンド・リージョンと呼ばれる。それは地理的空間としてはスウェーデン側のスコーネ地方とデンマーク側の首都圏を中心とする周辺地域に広がり、二万千二百三平方キロメートルの面積（日本の秋田県と山形県を合わせたのと同じくらいの広さ）を占める。そこに住む人口は両国合わせて約三百七十万人にのぼる（二〇一〇年一月一日現在、スウェーデン側の人口が約百二十三万人、デンマーク側の人口が約二百五十万人）。また、そのなかにはスウェーデン側のスコーネ・リージョンとリージョン内の三十三のコミューン、デンマーク側の首都圏リージョンおよびシエラン・リージョンとその二つのリージョン内の四十六のコミューンが存在する（コミューンは日本の市町村レベルにあたる基礎的自治体、リージョンはコミューンと国とのあいだの中間レベルの広域自治体である）。

オーレスンド・リージョンの協力事業は、主として共通の労働市場の形成、インフラストラクチャー建設に関わる両国政府への要求、文化活動、イノベーションなどの分野で行なわれている。それらの活動を通じて、同地域に立地する産業の国際競争力を高め、地域の発展をはかることがめざされている。現在この地域には、医薬品製造、食品加工、コンピュータ・ソフトウエア、デザイン、環境テクノロジー、ＩＴ、テレコミュニケーション、バイオテクノロジーなどの知識集約型の産業が集積している。他方、そこには二十の大学、十三万人の学生が存在しており、高度な知識や技能を有する労働力の供給源となっている。共通労働市場の形成をはじめとする、右にあげたような協力事業を通じて、企業間・産業間のネットワークと産学協同を強化し、産業の競争力を支えることが協力体制の中軸となっている。このオーレスンド・リージョンの協力事業は、ＯＥＣＤの報告書（OECD Studie av Öresundregionen. Svenska version av rapportens analys och rekommendationer, februari 2003, s. 7.）のなかで「市場統合、それが新たに創設した行政システム、そこに含まれる多数の国境をまたぐ組織という点で、ヨーロッパ連合の地域統合プロセスにおける、とりわけ興味深いモデル地域となっている」と評価されている。

このオーレスンド・リージョンにおける国境をまたぐ協力体制については日本でもすでにいくつかの先行研究がある（論文末参考文献を参照）。本稿は、事実の紹介という点ではそれらにつけ加えるものはほとんどない。本稿のねらいは、その点にではなく、国民国家の領域的空間の脱主権化の可能性をそこに探るというところに置かれている。

2　ヨーロッパにおける新たな地域主義とオーレスンド・リージョンの形成

オーレスンド・リージョンの形成が実質的な前進を見せはじめたのは一九八〇年代後半からであったが、それは、しばらく停滞していたEC統合の動きが再び活発化しはじめた時期と一致する。これは単なる偶然ではない。八六年に調印された単一欧州議定書に基づく域内の労働力・商品・資本の自由な移動は、サブナショナルな地域という領域的空間にとっては、そこにおける経済活動が国境に妨げられない域内の競争にさらされるようになることを意味した。同時に、そのことによる域内の地域間の経済的格差の拡大が統合を妨げる要因となりうることへの懸念をひとつの重要な動因として、ECの地域政策に大きな変更がもたらされた。それは、サブナショナルな地域レベルのアクターをEC

の政策過程に巻き込んでいくことになる。ＥＣの政策におけるこれらの変化は、ヨーロッパにおける「新たな地域主義」の興隆を促す大きな要因となった。そして、オーレスンド・リージョンの形成もまたそのようなヨーロッパにおける新たな地域主義の動きの一環として理解することができる。

ところで「地域主義」という用語は、メルコスール（南米南部共同市場）やＡＳＥＡＮ（東南アジア諸国連合）やＮＡＦＴＡ（北米自由貿易協定）などのような、地理的に近接する複数の国民国家によって形成される国際的な協力機構に関連して用いられる場合もある。しかし、ここで対象としているのは、サブナショナルな領域的空間に関わる政治的志向のほうである。そのような意味での地域主義を、コリン・Ｈ・ウィリアムズは、「政治過程の操作を通じて地域の住民の利益を最大化しようとする試み」と性格づけている（Colin H. Williams, 'Territory, Identity and Language,' in Keating and Loughlin (eds.), *The Political Economy of Regionalism*, 1997, p. 114.）。他方で、ルーネ・Ｄ・フィッチャーは、地域主義を「地域的アイデンティティの政治化」として定義している（Rune Dahl Fitjar, *The Rise of Regionalism. Causes of regional mobilization in Western Europe*, 2010, p. 5.）。そのさい、地域的アイデンティティとは「想像上の地域共同体の構成員であるという感覚」を意味する。両者のあいだに一定のニュアンスの差はあるが、ここでは、いずれもほぼ同じことを表現していると受け取っておこう。注意しなければならないのは、フィッチャーが地域共同体を「想像上の」共同体としていることである。その表現は、言うまでもなく国民（nation）を想像上の共同体としてとらえるベネディクト・アンダーソンの議論を転用したものである。そのような見方に立てば、国民であれ地域共同体であれ、その種の共同体への帰属意識は、自然に存立しつづけてきたものとしてではなく、社会的に構成され、かつ再構成されるものとして把握されねばならないであろう。他方、これもフィッチャーの言うように、なんらかの地域共同体への帰属意識はかならずしも政治的な行動に結びつくものではない。地域的利益を定義し、その実現ないし促進をはかる政治的実践において指導的役割を果たす人間、すなわち地域主義者による働きかけによって、地域的アイデンティティは政治化されるのである。ただし、実際の政治過程においては、あらかじめ明確な地域的アイデンティティが形成されていて、それが特定の地域的利益の実現のために政治的に動員されるというのでは必ずしもないということに注意しなければならない。多くの場合、地域的アイデンティティの構築は、特定の地域的利益の実現のための取組みと結びつけられながら、地域主義者の指導の下に進められると考えられる。地域的アイデンティティの構築と地域的利益の政治的追求とは、その意味で相互媒介的である。以上の考察を踏まえたうえで、本稿では、「地域主義」を〈地域共同体の構成員の利益の促進をはかろうとする政治的主張ないし運動〉というように暫定的に定義しておくことにする。

話を戻そう。ヨーロッパにおいては一九八〇年代後期から地域主義の新たな動きが見られるようになった。歴史的にさかのぼれば、国民国家が成立して以降も、その領域的空間の内部が政治的、経済的、あるいは文化的に均質化されることはなく、地域間の差異は存続してきた。そして、そのような一国内における地域間の差異を背景に、時代と場所によって内容を異にする地域主義の主張や運動が存在してきた。たとえば、十九世紀末には、中央政府主導の近代化プロジェクトの浸透に対して、地方における伝統的社会関係や特権を守ろうとする保守的ないし伝統主義的な主張や運動が目立っていた。一九六〇年代には、保守的な地域主義と並んで、自然環境との調和や自主管理の思想の立場からの地域主義も出現してきた。そのような「旧来の」地域主義と対比して、八〇年代後期にあらわれた地域主義は、国民国家の枠組みの内部にとどまるものではないという特徴をもつ。以前の地域主義においてはその要求はもっぱら国家に向けられていた。それに対し、新たな地域主義の目標は、もはや中央政府に対する要求の実現のみを通じて達成されるものではなくなっているのである。この変化の背景としてヨーロッパ統合の進展と国家の経済管理能力の低下をあげることができる。

国際的な資金移動の自由化と企業の生産活動の多国籍化は、投資をめぐる地域間競争がいっそう激しくなることを意味する。国境による競争の制限ないし統制がより弱いものになっていくためである。単一欧州議定書に結晶したＥＣの経済統合路線は、域内における地域間競争に対する国境の壁を著しく低くすることによって、それに拍車をかけるものとして受け止められた。同時に、そのような経済活動の諸条件の変化によって、国家による国民経済の管理はより困難なものとなってきた。そこで、もっぱら国家による資源の再配分や計画に依存するのではなく、それぞれの地域の自然的・人的・文化的諸資源を活用して経済発展をはかる取組みが、より重視されるようになった。そのような取組みを核として出現してきたのが新たな地域主義である。そこでは、たとえばインフラストラクチャーの整備のための公共投資のような、国家による資源配分への要求も重要性を失うわけではない。しかしそれだけではなく、地域内の公私の経済主体間の連携や協働の組織化、および地域内に存在する生産要素（とりわけ労働力）の質の高度化を通じて、競争力を高めることがめざされる。さらに、国内・国外を問わない他の地域とのネットワーク形成や国際的あるいは超国家的機関からの支援が、そのような地域内での取組みを支える手段として求められる。以上のような意味において、新たな地域主義は、国民国家の枠組みの内部にとどまるものではないという特徴をもつのである。それは、国民国家の領域的空間に変質をもたらす可能性を含んでいると考えられる。

ここでそのように言うとき、「領域的空間」は「何者かがそれに対して統治能力を有する、一定の範囲の場の空間」を意味する。マニュエル・カステルは「空間」を「時間を共有する社会的諸実践の物的支え」と定義する。この定義は、電子的なネットワーク回路から構成される「フローの空間」を、物理的隣接性・連続性を備える「場の空間」と対比するための工夫である。ここでは、その定義を踏まえたうえで「領域（territory）」を場の空間のとる一形態として理解する。ある一定の範囲の場の空間において何者かが統治能力を有しているとき、その範域が領域である。その統治能力は必ずしも排他的なものでなくてもよい。たとえば、ひとつの地方自治体の領域において地方自治体の統治機関が統治能力をもつが、その範域においてはナショナルなレベルの政府もまた統治能力をもつという場合が、その例である。

このような意味での領域的空間は（その範域は物理的空間として提示されるが）、秩序形成に関わる政治的主体の実践によって構成され、かつ再構成されるものとして理解されねばならない。したがって、その実践を支える観念がその領域的空間のあり方に効果をもつ。主権的国家の観念においては、国家の領域的空間におけるその統治能力は、原理上、包括的かつ最も優越的なものである。現実の世界においてはその要求が完全に実現されてはこなかったにせよ、二十世紀の国民国家の領域的空間の構成はそのような観念によって支えられてきた。他方で地域主義の観念においては、それが分離主義の形態をとる場合を除いて、地域の領域的空間における地域的主体の統治能力は、必ずしもそのようなものである必要はない。そこで、たとえば仮に、ある一定のサブナショナルな空間的範域において、その範域を領域とする自治体と中央政府とのあいだの合意に基づいてのみ公的な拘束的決定が有効であるといったことが原理的承認に基づいて妥当するようになるならば、それは領域的空間の脱主権化を意味するものとしてとらえることができよう。なぜなら、その範域においては、どの主体も他に優越する包括的な統治能力を認められないからである。新たな地域主義は、国民国家の領域的空間にそのような変質をもたらす可能性を含んでいると考えられるのである。

オーレスンド・リージョンの形成も右のような新たな地域主義の動きの一環として理解することができる。先に触れたように、海峡をはさむ同地域のスウェーデン側の中心都市はマルメ、デンマーク側のそれはコペンハーゲンである。マルメは一九七〇年代以来、伝統的産業が構造不況に陥り、深刻な経済的後退に見舞われてきた。そのため、補償的な性格の国家資金が中央政府によって投じられてきたが、それは経済活動の自立的な活性化に結びつくものではなかった。経済のグローバル化とヨーロッパ統合の進展という新たな条件の下で、しだいに、マルメの指導的な政治家や企業家は、中央政府からの援助に頼るのではなく、その地理的条件を生かし、コペンハーゲンを通じて大陸ヨーロッパとの経済的結びつきを強めることに活路を見いだそうとするようになっていった（Janerik Gidlund and Magnus Jerneck (eds.), *Local and Regional Governance in Europe. Evidence from Nordic Regions*, 2000, p. 200.）。

他方、コペンハーゲンでは、海峡をはさむ地域単位の形成は、首都圏の再活性化という目的と結びつけられていた。デンマークの中央政府は、首都圏への人口集中にともなって必要とされる各種のインフラストラクチャーの整備のための公共投資に国家資金を向けることに熱心ではなかった。そのため、コペンハーゲンの経済的地位は西部地方に対して相対的に低下しつづけていた。そこで、海峡をはさむ協力体制の構築を通じてその地位の回復をはかることが、コペンハーゲン地域の指導的な経済人と政治家にとっての新たな戦略として採用されるようになったのであった。その戦略は、国境を超える市場競争の激化という条件の下で、拡大された地域内の物的人的資源を活用して競争優位の確保をめざすことに向けられていた（Gidlund and Jerneck, p. 201.）。

協力体制の構築をリードしたのは、最初は両岸の企業家および商工会議所であった。それらのアクターが、相互の連絡を緊密にしていくとともに、それぞれの地域の指導的な政治家への働きかけを強めていった。彼らは、報告書の作成と配布、集会での演説、新聞への投稿などを通じて、両岸地域の経済の活性化にとって海峡をまたぐ協力体制の構築が必要であるというその主張を広めることに力を注いだ。両岸の指導的政治家の側もそのような働きかけにすばやく反応した。一九八〇年代後半にはその党派的所属を問わず、両岸の政治家同士のあいだで友好的な関係が確立されていった（Gidlund and Jerneck, p. 202.）。このような両岸における経済的および政治的指導者らの動きを背景として、九三年に国境をまたぐ地域空間の形成の制度的中心となるオーレスンド委員会（Öresundskomiteen）が設置された。

以上のように、オーレスンド・リージョンの形成は、経済のグローバル化のなかでのEC／EU統合の進展という構造的な条件の下で、それぞれの地域の自然的・人的・文化的諸資源を活用して経済発展をはかろうとする性格をもっている。その手段として重視されてきたのは、地域内の地方自治体、企業、研究機関、高等教育機関のあいだの連携であった。それぞれの国の中央政府に対しては、インフラストラクチャーや法律的な枠組みの整備が要求されてきたが、他方で、EUの構造基金からの補助金が協力体制の構築にあたって重要な役割を果たしてきた。このように、それは新たな地域主義のひとつのあらわれとして見ることができる。したがって、そこには国民国家の領域的空間のあり方に変更をせまる可能性が存在すると考えられる。そのような可能性のあらわれを、以下では、オーレスンド・リージョンにおける地域形成の政治的実践および構造基金をめぐるアクター間の関係に則して見ておきたい。その前にまず、その制度的構造について簡単に触れておくことにする。

3　オーレスンド・リージョンの制度的構造

オーレスンド・リージョンにおける協力体制の制度的構造の中心に位置するのは、オーレスンド委員会である。オーレスンド委員会の規約第一条は、当委員会の性格を次のように規定している。「オーレスンド委員会は、この地域全体の統合過程に対し正統性および民意への係留（folklig förankring）を確保するために協力する、基礎的自治体および広域自治体のための政治的な交渉の場（en politisk plattform）である」。そのうえでオーレスンド委員会の活動目的は、第二条において、「この地域を全国的にも国際的にも強化し目立たせることによって、経済的、文化的、社会的な面での、オーレスンド地域におけるよりいっそうの成長の基礎をつくりだすこと」と規定されている。

　現行規約の下では、委員会は三十六名の委員によって構成され、各委員に対して一名ずつの代理委員がつく。デンマークとスウェーデンの委員がそれぞれ半数の十八名ずつとなっている。委員は次のような地方自治体（あるいはその協働機関）から、それぞれの最高議決機関によって任命される。デンマーク側からは、首都圏リージョン（議長を含め八名）、首都圏地方自治体地域連盟（Kommunekontaktråd Hovedstaden）（一名）、コペンハーゲン・コミューン（一名）、フレデリクスバーグ・コミューン（一名）、ボルンホルム地域コミューン（一名）、シェラン・リージョン（議長を含め四名）、シェラン地方自治体地域連盟（議長を含め二名）、スウェーデン側からは、スコーネ・リージョン（十二名）、マルメ・コミューン（二名）、ヘルシンボーリ・コミューン（二名）、ルンド・コミューン（一名）、ランズクローナ・コミューン（一名）である。委員会は年間に二回以上開催されることになっているが、そのほかに三分の一以上の委員の要求があるときには随時召集される。委員会の委員のうち十二名が、執行委員会（verkställande utskott）を構成する。執行委員会は必要に応じて随時召集されるが、年間に四回以上開催されねばならないことになっている。

委員会の行政機関として事務局（sekretariat）がコペンハーゲンに置かれている。事務局は執行委員会の下に置かれ、委員会や執行委員会の決定の実施を担当するほか、委員会や執行委員会の会議案件の準備にたずさわる。また、執行委員会の案件を事務局が準備するのを補佐するために、委員会を構成する各単位組織から一名ずつ派遣される職員から構成される「調整グループ（samordningsgrupp）」が置かれることになっている。

オーレスンド委員会の支出の大部分は、委員会を構成する地方自治体からの拠出金および北欧理事会からの補助金によってまかなわれている。ただしオーレスンド委員会はあくまでも任意組織であって、委員会を構成する地方自治体は参加を義務づけられているわけではないということと、それは公権力の行使に関わる権限はなんら有していないということに注意する必要がある。

4　オーレスンド・リージョンと領域的空間の変質

（1）地域形成の政治的実践をめぐって

先に述べたように、地域的利益を定義し、その実現ないし促進をはかる政治的実践において指導的役割を果たす人間、すなわち地域主義者による働きかけによって、地域的アイデンティティは政治化される。そして、地域的アイデンティティは歴史的な所与としてではなく、特定の地域的利益の実現のための取組みと結びつけられながら、地域主義者の指導の下に構築されるものとしてとらえられなければならない。オーレスンド・リージョンのように、それまで地域的なまとまりがなかったところに新たに領域的空間を形成しようという場合には、このことがより直截にあてはまる。実際、これまでのところオーレスンドをはさむ地域形成は、政治的・経済的なエリートのプロジェクトにとどまっており、広範な住民の意識と行動のレベルで地域的アイデンティティが定着しているとは言いがたい。しかし、本格的な取組みが開始されてからの時間の短さを考えれば、それは当然のことである。関心を向けるべきであるのは、むしろ、そのようなエリートによる地域形成の政治的実践の中身である。ここでは先行研究によって示された事実のなかから、とりわけ興味深いと思われることがらを、ひとつだけ指摘しておこう。

　パトリーク・ハルらは、オーレスンド委員会の活動に関わる政治家および行政官への聞き取り調査に基づいて、民主主義の観点からその活動をどのように評価することができるかを論じている(Patrik Hall, Kristian Sjövik och Ylva Stubbergaard, *Nätverk söker förankring: Öresunds-regionen i ett demokratiperspektiv*, Lund: Studentlitteratur, 2005)。その評価は総じて辛めである。そのような評価の最も重要な理由は、地域形成のビジョンと政策をめぐる異なった複数の立場のあいだでの、公的に開かれた場における討議が欠如しているという事実にある。しかし彼らの言うように、機能的な地域の形成は市民の政治参加なしには達成しえず、市民の政治参加はビジョンと政策をめぐる公的な対立なしには進まないであろう。そのことは、政治的・行政的エリートの側でも認識されている。つまり、オーレスンド・リージョンが少数のエリートによるプロジェクトにとどまらず、領域的空間として成立するかどうかについての展望自体が不確定なのである。

そのことに照らしてみるとき、オーレスンド委員会の組織構造に変更が加えられ、二〇〇七年から、政治家によって構成される執行委員会が置かれるようになったという事実が見逃せない意味をもつ。従来、オーレスンド委員会においては、委員会による公式の意思決定以前に、行政官による根回しを通じて案件についての合意が確保されてきたと言われる。全体の委員会の三分の一の規模で、かつより頻繁に会議をもつ執行委員会の設置は、政治家どうしのあいだでの議論を実質化する方向に作用する可能性をもっている。それは、もちろんそれだけで市民の政治参加が進むことを保障するものではないが、そのための必要条件である。その意味で、オーレスンド委員会を舞台とする政治的実践のなかに、領域的空間が住民の意識に支えられることによって形成されていく萌芽を見いだすことができる。

(2) オーレスンド・リージョンにおける構造基金プログラム

EC/EUの地域政策の一九八八年改革においていわゆるパートナーシップ原則が導入された。すなわち、構造基金からの支援は多年度にまたがる計画書(プログラム)に基づいてなされるが、そのプログラムの作成と実施の両局面において、欧州委員会、加盟国の中央政府、対象地域の受入れ機関がともに関与することが求められるようになったのである。この改革においては、同時に「共同体イニシアチブ（Community initiatives）」と呼ばれる支援類型が設けられた。そこに含まれる最も規模の大きい下位類型が「インターレグ（Interreg）」であり、国境にまたがる地域間協力の促進をその目的とするものである。オーレスンド・リージョンはそこからの支援を獲得してきたが、その協力体制の構築にあたって、その資金はほとんど不可欠であったと言えるほど重要な意味をもったと評価されている。

二〇〇〇年から二〇〇六年を計画期間とする「インターレグIII」のケースについて、オーレスンド委員会、欧州委員会、デンマークとスウェーデンの国家諸機関がどのように計画の作成と実施に関与していたかを見ておこう。まず計画の作成局面について見れば、形式的には、デンマークとスウェーデンの両国の政府が計画作成の責任をひきうける。計画作成は欧州委員会の決めた方針の枠内で行なわれる。実際には、両国の政府はその実務をオーレスンド委員会の「プログラム事務局」に委ねた。オーレスンド委員会で作成された計画は、両国政府の承認を経て欧州委員会に提出され承認される。次に計画の実施局面に目を転じよう。①計画の実施に関わる管理機関として指定されたのは、デンマークの「首都開発理事会（Hovedstadens Udviklingsråd）」であった。実際には、その行政実務は同理事会からオーレスンド委員会のプログラム事務局に委任され、同事務局がその管理にたずさわることになった。②申請される個々の事業への、承認された計画に基づく資金提供の決定は、オーレスンド委員会によって選出され、両国政府による承認を受けた、地域レベルの組織によって行なわれることとされた。③補助金の支払いの事務は、スウェーデンの産業開発庁（NUTEK）が担当となった。産業開発庁は国家レベルの行政庁である。④さらに計画の執行に対する統制機能を果たす監視委員会はEUレベル、国家レベル、地域レベルのそれぞれの代表者によって構成され、産業開発庁がその事務局となった。⑤欧州委員会に対して責任を負うのは両国の国家レベルの機関であり、その役に任ぜられたのは、デンマークでは産業発展委員会（Erhvervsfremmestyrelsen）、スウェーデンでは産業省（Näringsdepartementet）であった。

以上のように、オーレスンド・リージョンにおける構造基金プログラムの政策過程では、EUレベル、国家レベル、地域レベルの機関が相互依存的な関係に置かれている。そこでは、いずれのレベルの機関も他に優越する決定能力をもたない。他方、インターレグ・プログラムはオーレスンドにおける地域空間の形成にとっての重要な支えとなってきた。それは、その領域的空間の形成過程が、EU、国家、地域の多層的な相互依存関係によって支えられてきたことを意味する。そのことは、今後、形成されるかもしれない新たな領域的空間の性質にも効果をおよぼすであろう。その意味で、そこには脱主権的な領域的空間が形成されていく可能性がはらまれていると言えよう。

5　まとめにかえて

ＥＵの市民にとって、ＥＵの政体がどのような性格のものであり、それが今後どう発展していくかが重要な関心の対象となるのは、自分たちに直接関わることがらとしてである。アジアの一画で生活するわれわれにとっては、事情は異なる。将来的にもＥＵの一部になることはないであろう場所に住む人間にとって、ＥＵの政体に対する関心は、それが政治秩序のあり方の再編成に関わる「実験」として観察の対象となりうるということにある。そのさい観察の対象にされる政治秩序の再編成はさまざまな側面をもつが、本稿でオーレスンド・リージョンの事例に則して見ようとしてきたのは、主としてその領域空間的な側面に関わることがらであった。

とはいえ、言うまでもなく、本稿はオーレスンド・リージョンについてのそのような観点からの分析それ自体を試みたものではない。本稿のねらいは、そのような分析が行なわれるとすれば、それがわれわれの関心にとってどのような意味をもちうるか、ということについて私の考えを整理して提示することにあった。ヨーロッパにおける新たな地域主義には国民国家の領域的空間の脱主権化につながる可能性が含まれているが、オーレスンド・リージョンのような事例は、それが国境をまたぐ地域形成をともなうものであるがゆえに、そのような可能性のあらわれをより明確に示すであろうと想定される。そうだとすれば、その先行的事例の分析は、遠く離れた地に生きるわれわれにとっても重要な意味をもつであろう。

〔参考文献〕

岡部明子『サステイナブルシティ――EUの地域・環境戦略』学芸出版社、二〇〇三年（第五章）
槌田洋『分権型福祉社会と地方自治』桜井書店、二〇〇四年（第四章）
篠田武司「スウェーデン・デンマーク間の国境を超える地域開発」、若森章孝・八木紀一郎・清水耕一・長尾伸一編著『EU経済統合の地域的次元――クロスボーダー・コーペレーションの最前線』ミネルヴァ書房、二〇〇七年、所収（第一章）
長岡延孝「北ヨーロッパにおける国境を越える地域経済ガヴァナンス」、同右、所収（第九章）
上原良子「EUにおける国境と文明の境界――越境し対話する空間へ」、遠藤誠治・小川有美編著『グローバル対話社会――力の秩序を超えて』明石書店、二〇〇七年、所収

ＥＵ東方拡大とユーゴスラヴィア——その歴史的意味を探る

岡本和彦

はじめに

ＥＵの東方拡大は、二〇〇四年五月に十カ国の新規加盟国を迎え入れて、現実のものとなった。現在二十七カ国からなるＥＵの東方拡大プロセスはさらに進んでいる。ＥＵは、すでに加盟候補国となっていたクロアチア、トルコと二〇〇五年十月に加盟交渉を開始した。クロアチアとの加盟交渉は二〇一一年六月末に完了し、二〇一三年にも加盟が実現する見通しである。クロアチア以外の旧ユーゴスラヴィア（以下、必要に応じてユーゴと略称を用いる）構成諸国およびアルバニアについても、クリアすべき課題が依然残るとはいえ、一定の前進がみられる。マケドニアは二〇〇五年十二月に加盟候補国として承認された。二〇〇六年七月に独立国家となったモンテネグロも、二〇一〇年十二月に加盟候補国となった。アルバニアは二〇〇六年六月に、ボスニア・ヘルツェゴヴィナは二〇〇八年六月に、ＥＵとの安定化・連合協定が調印された。セルビアは、旧ユーゴ国際刑事裁判所への協力が不十分であることが問題視されていたが、二〇一〇年六月十四日の欧州連合理事会は、同国の対応改善を前提に安定化・連合協定批准プロセスを開始することを決定した。

しかし、本稿の目的は、必ずしもこうしたEUの東方拡大プロセスを詳細に追いかけ、現状と見通しに関する明確な説明を与えることではない。本稿では、ヨーロッパ国際関係史におけるユーゴスラヴィア・ファクターに焦点を当てながら、旧ユーゴ諸国のEU加盟問題が、それら諸国自体およびヨーロッパ統合そのものに対してもつ歴史的意味を探ることを課題とする。

1　ユーゴスラヴィア建国とヨーロッパ

第一次世界大戦がヨーロッパの地政学に与えた影響はきわめて大きかった。しかしそれは、ヨーロッパの「統合」という観点からみると逆向きのベクトルをもつものだった。ロシア革命に対抗するうえで、アメリカが中心となって作り出したヴェルサイユ体制で強調されたのは、「民族自決」であった。大戦によってロシア帝国、オーストリア＝ハンガリー帝国、ドイツ帝国、そして実質的にオスマン帝国が瓦解し、その支配の空白地域には新しい独立国家が誕生した。「民族自決」の点で、ユーゴの独立は奇妙な論理に基づいていた。南スラヴ人という〝単一民族〟の民族自決が承認されての独立であったが、建国時の国名は「セルビア人・クロアチア人・スロヴェニア人王国」であった。それは、ヨーロッパの列強諸国の勢力均衡、およびバルカン諸民族の間の妥協の産物として成立した「擬制の国民国家」であり（柴宜弘『ユーゴスラヴィア現代史』岩波新書、一九九六年、五八―六一頁）、その内実は、セルビアの中央集権主義とクロアチアの連邦主義の対立による政治混乱のために国民国家としての体をなしてはいなかった。皮肉にも、〝単一民族〟としての南スラヴ人を表わす「ユーゴスラヴィア」が国名になるのは、セルビア人国王による独裁体制が敷かれる一九二九年のことであった。独裁による強権のもとでしか、〝単一民族〟国家を装うことができなかったのである。しかし、三四年に国王が暗殺されると、幼王を支える摂政団は国家の枠組み保持のためになりふりかまわずクロアチアと妥協し、クロアチア自治州が設立された。これは連邦制の実現とはほど遠く、むしろ第二次世界大戦中の民族間の殺し合いの種をまくことになった。セルビア民族主義者から見れば、それは大セルビア主義への裏切りであり、クロアチアやボスニアに住む多くのセルビア人を見捨てるものであった。他方、クロアチア民族主義者の間にも同様に、境界線の枠外に暮らすことになるクロアチア人を取り込むべく領土拡張の要求が沸き起こることになる。

いずれにせよ、十九世紀後半から二十世紀初めにかけての時期に、帝国主義列強は、主権国家体制を強化し拡大させることを最大の課題とし、それを実行していったが、同時に列強の周囲に存在した諸少数民族にとっては、そうした状況下で、自らの独立国家をいかにして実現させるかという課題が目前に現われていたのである。それはときには単一民族という擬制のもと、大国との駆け引き、国内における諸民族間の妥協の産物として実現された。ユーゴでは、クロアチアの領域を中心に、「パン・スラヴ主義」の流れを汲む「ユーゴスラヴ主義（南スラヴ統一主義）」のような統合の試みがあった。しかし、「パン・スラヴ主義」であれ「ユーゴスラヴ主義」であれ、またバルカンにおいて繰り返し現われてくる「バルカン連邦」構想であれ、つまるところそれらよりもはるかに、「大セルビア主義」、「大クロアチア主義」等々に見られるナショナリズムの魅力のほうが強大であった。

ところで、近代のヨーロッパ統合思想の歴史において常に語られるのは、サン＝ピエールやカントの思想であろう。サン＝ピエールは十八世紀前半に『ヨーロッパ永久平和論』を著し、啓蒙主義の観点から諸国家間の連合による戦争の除去を説いた。カントは十八世紀後半に『永遠平和のために』を著し、各国内における民主政体（共和政）の確立に基づく国際的な連合組織の形成を構想した。これらの思想の出現には、いわゆる「西欧主権国家体系」のもとで、国家間の領域拡大のための争いが増大したという背景があった。しかし、フランス革命とナポレオンのヨーロッパ支配によって拡散したナショナリズムは、ヨーロッパ諸国間のさらなる戦争を引き起こすことで、ヨーロッパにおいてサン＝ピエールやカントの平和・連合思想を吹き飛ばしてしまった。二十世紀初頭までのヨーロッパにおいてあくまで重要なのは主権の尊重であり、「民族自決」概念であった。ヴェルサイユ体制もそれを前提としたものであり、それゆえ、今日的な意味での統合・連合・連邦といった諸概念が入り込む余地はきわめて少なかったのである。

2　戦間期および第二次世界大戦とユーゴスラヴィア

世界恐慌の影響がバルカン地域にも深刻な経済危機を引き起こすと、バルカン諸国は方向性を失い、しだいに勢力を拡張しつつあったナチス・ドイツに飲み込まれていく。ユーゴは、一九四一年四月初め、枢軸諸国の侵略によってあっけなく崩壊し、分割占領された。クロアチア自治州は「独立国」として認められたが、そこで行なわれたのはファシスト集団「ウスタシャ」による支配であり、それはナチス・ドイツの傀儡国家でしかなかった。第二次大戦中のユーゴにおける戦争の性格は、①占領軍に対する解放戦争、②ユーゴ各民族間の殺し合い、③国王独裁体制からの社会変革、としてとらえられる（柴、前掲書、七八頁）。それは、侵略者との闘いだけではなく、「ウスタシャ」のクロアチア人と、セルビア人民族主義集団「チェトニク」と、そして唯一、全国レベルの組織であり民族・階級横断的に組織された「パルチザン」（実質的にはユーゴ共産党が主体であった）の三つ巴の内戦だった。百七十万人といわれる戦死者の多くはいわば「兄弟殺し」の結果だった（柴、前掲書、八六頁）。戦争がパルチザンによるほぼ独力での国土解放という結果に終わったことで、戦後のユーゴは、共産党を率いるチトーの指導のもと、社会主義体制をとる連邦制国家となる。そこでは、ボスニア・ヘルツェゴヴィナを除いて各民族の名を冠した共和国が作られ、さらに二つの自治州（コソヴォおよびヴォイヴォディナ）も設立され、諸民族の平等がはっきりと謳われていた。

戦間期〜第二次世界大戦の時期に、ヨーロッパ統合思想にも一定の進化が見られた。国際連盟は、集団安全保障システムを採用することで世界平和を実現させようとするが、そうした制度・組織による平和構想自体が、カントの国際的連合組織の構想を受け継ぐものと見なすこともできよう。しかし、国際連盟が、全会一致方式の議決を採用したことや、連盟規約違反の判断を各国家の主権に委ねたことなど、国家主権の尊重の上に成り立つものであった点で、その統合思想への寄与は少なかった。他方で、第一次世界大戦の大惨禍の衝撃は大きく、戦後のヨーロッパには、シュペングラーの『西洋の没落』に代表される喪失感の拡がりも見られた。そこでは、いわゆる〝三重危機〟――①ヨーロッパが世界の中心であった時代の終焉、②四つの帝国が消失した結果としての国家再編によるヨーロッパ国際関係の動揺、③共産主義運動・労働運動の活発化による各国内の危機の進行――が自認された（遠藤乾編『ヨーロッパ統合史』名古屋大学出版会、二〇〇八年、六三頁）。こうした状況下で、ヨーロッパの広域的な秩序再編構想が現われてくる。

そのなかで、クーデンホーフ＝カレルギーの『パン・ヨーロッパ』は、フランスとドイツの和解を主張し、全ヨーロッパの統合再編による平和を志向するもので、多くの人々を魅了した。実際、各国でパン・ヨーロッパ運動が展開され、国際連盟でもヨーロッパ連邦構想が提案・議論されるまでに至った。しかし、すでに述べたように国家主権を絶対視する国際連盟においては受け容れられず、またファシズムの台頭、ブロック経済化の進行とともに国際連盟が機能不全に陥ると、この構想は結局、頓挫した。戦間期の統合思想もまた、ナショナリズムと国家主権の前には、まったく太刀打ちできなかったのである。

だが、こうした経験は次のステップへと進む原動力となった。チャーチルは「ヨーロッパ合衆国」構想についてしばしば言及したが、アメリカ合衆国の強大な姿を眼前にして、ヨーロッパの統合の必要性を痛感したかもしれない。ユーゴはパルチザンによる解放戦争の過程から多くを学び連邦制による統合の道を選んだ。そこには、すでにソビエト連邦というお手本が存在した（実際にはソ連の民族問題への対応はきわめて杜撰なものであったが）。アメリカ合衆国やソ連といった巨大な統合体制に対比して、戦争に打ちひしがれ、小国に分裂したままのヨーロッパから見れば、統合への広範なコンセンサスを作り出すことは急務であった。

3　第二次大戦後のユーゴスラヴィアとヨーロッパ

第二次大戦後まもなく冷戦が表面化し、ヨーロッパは分断され、ソ連・東欧諸国と他のヨーロッパ諸国との間には決定的な断絶が生じた。翻って、冷戦終結から今日のＥＵ東方拡大へという一連の流れを見るに、旧ソ連陣営に属していた国々がヨーロッパ回帰の立場を鮮明にし、ＥＵ加盟を望む有り様は、分断されていたヨーロッパの統合というイメージを容易に作り出すだろう。そしてその限りで、

EU加盟を望む旧社会主義体制の東欧諸国として、これらの国々がひとくくりに扱われる傾向があるかもしれない。しかし、東欧諸国は一様ではなく、とりわけユーゴを他の東欧諸国と同列に扱うことはできない。それは、なにも一九九〇年代に内戦を経験したからということだけではなく、むしろ、第二次大戦後の歴史的経験そのものが他の国々とは大きく異なっているからである。きっかけとなった出来事は、四八年六月末の東側陣営からの追放である。この結果、ユーゴはソ連型の社会主義建設を否定し、独自の道を模索することになった。そうして生み出されたのが、「労働者自主管理」と「非同盟外交」であった。

ユーゴの労働者自主管理は、きわめて分権的な組織・制度からなるものであり、各共和国・自治州には大きな権限が与えられていた。また五〇年代にはアメリカの援助も受け、西側との関係も改善し、六〇年代には市場原理も取り入れ、自由化が進んでいた。ユーゴに比べ、他の東欧諸国はソ連の衛星国として小スターリンをトップに据えた一党独裁体制と中央集権的・官僚的社会を敷き、自立や自由の余地は明らかに少なかった。もちろん、ユーゴ自体、チトーという圧倒的権威をもつ大統領のもと、一党制とイデオロギーの絶対性という点では他の社会主義国と変わりはなかったのであるが、しかしユーゴの場合、チトーの存在も自主管理のイデオロギーも、多民族連邦制を結びつける接着剤の役割を果たしており、他の東欧諸国からはある種の羨望のまなざしをもって眺められていた。実際、東欧で起こった民主化運動（五六年ハンガリー、六八年チェコ、八〇年代ポーランド）にユーゴ自主管理の影響があったことは明白である。ユーゴを除く東欧諸国は、赤軍による解放を通じてソ連によって押しつけられた社会主義体制であり、八九年の東欧革命によって体制が崩壊すると、西側資本主義体制への合流、ひいてはＥＵへの加盟を求める動きが出ることは当然であった。

ところで、ユーゴ自主管理は「七四年憲法体制」として完成の域に達したとされる。そこでは、国家連合に近い形態と評されるほどの分権的な連邦制が敷かれ、共和国・自治州の権限は大幅に強化されたが、連邦としての一体性も保持された。チトー大統領の存在そのものを統合の象徴とし、また、国全体を統括するイデオロギーとしての自主管理制度、パルチザン精神を受け継ぐ建国の礎であり、外敵から国を守る要でもある連邦人民軍もまたユーゴの一体性を象徴的に示すものであった。経済においては、通貨は共通であったし、連邦政府は共和国間格差の縮小を目指す調整の舵をとった。さらに、社会面でも、各民族の独自性が承認されるなかにあって、自らを「ユーゴスラヴィア人」と見なす人々の割合が国勢調査において増加するなど（六一年の三十二万人から八一年の百二十二万人へ。ただし、総人口比五％程度で党指導部が期待したほどではなかったが）、ユーゴ統合の意識面での影響も表われ出ていた（柴、前掲書、一六二―一六五頁）。

しかしユーゴの自主管理は破綻し、その結果、共和国間の経済的利害が衝突して分裂へと向かった。破綻の原因は、自主管理制度そのものの欠陥という側面もあるが、それが表出するきっかけとなったのは、二度のオイル・ショックとそれが西側経済に与えた打撃がめぐりめぐってユーゴを襲った経済危機であった。さらに決定的に重要な点が、八〇年のチトーの死去であった。チトーの不在により民族主義的主張の制御が難しくなり、経済危機への対応をめぐる民族間の衝突が大きな分裂要因となってしまった。例えば、マケドニア、モンテネグロの両共和国やコソヴォ自治州などの南に位置し経済的に後進的な地域は格差改善策を連邦政府に要求する一方、北に位置し経済的に進んだスロヴェニアやクロアチアはそれを嫌い、さらなる経済主権の獲得によって自共和国の発展を求めようとした。かなりの程度、分権が進められつつも、統合へと向かうベクトルも機能していた多民族共存の連邦制を戦後三十年以上にわたって維持したユーゴが、経済問題を発端に生じた民族紛争の結果、分裂・崩壊した歴史には、EUの将来に関して示唆する点があるのではないだろうか。

八九年東欧革命に続いて各地に生じたのは複数政党制に基づく自由選挙＝民主化・自由化であった。ユーゴにおけるそれは、結果として各地に極端なナショナリストのリーダーを生み出し、内戦、民族紛争がもたらされることになった。東欧革命に関して、抑圧的な社会主義体制が崩壊し民主化・自由化したことを肯定的にとらえるのは一般的な見方であろう。筆者自身、民主化・自由化自体は望ましいものと思う。しかし、多民族混住地域における民主化・自由化は、現実には、そこにおいて有力な特定の多数派集団の主張のみが通るようになることを意味する。そしてそれは少数派との軋轢を激化させ、容易に紛争へと発展するだろう。

権利としての「民族自決権」の適用は無限には認められない。多民族混住地域における「民族自決」による独立承認は、その内部で少数民族となった集団の「民族自決」要求もまた引き起こすだろう。そしてそれを認めても、さらにその内部の少数民族が自決を要求するかもしれない。そうなれば、秩序は成り立たなくなる。それゆえ、どこかで線引きがなされ、認められる「民族自決」と認められない「民族自決」が生じる。それを決めるのは、つまるところ、周囲の国々、特に大国の意向である。ユーゴの場合、いち早く独立宣言したスロヴェニアとクロアチアの独立は、諸外国による承認により認められた（特にドイツに率先された）が、クロアチア領内にいた一二％を占めるセルビア人たちの独立要求は当然のごとく無視された。それどころか、彼らの行動が、クロアチア独立を阻止しようとする連邦政府、ひいてはセルビア共和国大統領ミロシェヴィッチに象徴されるセルビア民族主義の介入と結びつけられることで、国際社会において「セルビア悪玉論」が形成されていった。結局、クロアチアに居住していたセルビア人の自決要求は、クロアチア政府の力による民族浄化政策によって粉砕されてしまった（柴、前掲書、一六五―一七三頁）。

ところで、ヨーロッパにも少数民族問題はある。イギリスにおける北アイルランド問題やスペインにおけるバスク問題などは有名であろう。セルビア共和国からのコソヴォ独立をスペインが承認していないのは、少数民族問題に敏感にならざるを得ない事情があるからであろう。統合が深化すればするほど、それだけＥＵとして共通の政策をもつ割合が増え、加盟各国はそれに従わざるをえなくなっていく。せっかく独立によって手に入れた国家主権にもかかわらず、ＥＵに加盟するということは、ＥＵという上位組織によるコントロールに再び従うようになるということではないのか。将来、旧ユーゴ諸国がすべてＥＵに加盟した状況さえ考えられるだろう。そのとき、人々の暮しが、同じユーロを使用し、共通の社会経済政策によって、セルビアでもクロアチアでもボスニア・ヘルツェゴヴィナでも同じ条件で行なわれるようになるとしたら、旧ユーゴ時代において平和に暮らしていた時期のそれとどう違うのだろうか。あの内戦・民族紛争による殺し合いは必要だったのだろうか。旧ユーゴがその一体性を保ったままEUに加盟するという道はありえなかったのだろうか。例えば、スロヴェニアのような小国にとっては、ベルギーやデンマークやオーストリアやポルトガル云々といった国々と同列で自分たちがEU加盟国であるという事実そのものが重要であるとは言えよう。しかし、EUの統合と拡大が進めば進むほど、少数民族問題ないし、複数の地域にわたって混住する民族の問題が大きくなってくるのではないか。今のボスニア・ヘルツェゴヴィナは、クロアチア人・ボシュニャク人国家とセルビア人国家からなるが、EU加盟を果たしたのちに、それが分かれている必要があるのだろうか。他にも、アルバニア系住民が九割近くを占めるコソヴォの独立と隣国アルバニアとの関係、ブルガリア、ギリシャを巻き込むマケドニア問題、東欧に広く居住するロマ民族への対処（二〇一〇年、フランスのサルコジ大統領によるロマ民族の強制排除が話題になったばかりだが）といった問題がある。旧ユーゴ諸国のEU加盟は、こうした問題への対応をEUに突きつけることになる。

外交政策においてユーゴの歴史的経験が他の東欧諸国と違う点は、ユーゴが非同盟運動のリーダーであった点に端的に表われている。ソ連陣営と断絶したのち、ユーゴは西側との関係を改善したが、西側同盟に入ることはなかった。チトーが選んだのはアジア・アフリカ諸国との連携であり、それが非同盟運動に結実したのである。チトーは、米ソ両軍事ブロックに分かれた世界のあり方を変え、その軍拡競争を止めることで、戦争の危険をなくし平和を作り出す「積極的平和共存」を唱えて、非同盟運動の意義をアピールした。ユーゴは、このとき明確に、非ヨーロッパを選択したのである。

では、一度はそうした選択をしたユーゴが、今日、分裂し、それぞれヨーロッパへの回帰を求めている状況をどのように考えたらよいのだろうか。非同盟運動そのものが、ソ連のアフガニスタン侵攻にうまく対処できなかったことに象徴されるようにすでに行き詰まっていたのは確かであるが、なにより冷戦終結によって非同盟そのものの意義が失われたことが大きい。後述するように、今日、我々が直面しているのは、第三世界の国々をも巻き込む地球規模の相互依存、すなわちグローバリゼーションの進展であり、そこには冷戦時代との断絶が見てとれるのである。

4　冷戦とヨーロッパ統合

ここで、ふたたびヨーロッパ統合の展開に目を向けよう。第一次大戦後の〝三重危機〟は、第二次大戦後のヨーロッパについてもそっくり当てはまった（遠藤編、前掲書、九一頁）。すなわち、①アメリカの圧倒的な軍事・経済パワーと、それに対抗する存在としてのソ連を前にしたヨーロッパの影響力低下、②ヨーロッパの東半分がソ連の勢力下におかれたことで分断されたヨーロッパ地域における安全保障問題、③荒廃した国土、経済の復興と社会の立て直し、という問題に直面していたのである。戦間期から引き続き、戦後もヨーロッパ統合の思想やそのための各種の試みはあった。しかし、一九四八年二月のチェコ政変と同年六月のベルリン封鎖は東西分断を決定的にした。そして、四九年に東西両ドイツが分断国家として成立したことで、ヨーロッパ統合の中心課題であった「ドイツ問題」を克服し、統合を目指す試みはこの現実を前提としたものとならざるを得なくなった。すなわち、ヨーロッパの統合は冷戦に規定されて進行したのである。そこにおいて決定的な役割を果たしたのは、圧倒的な経済力・軍事力をもつアメリカであった。四七年の「トルーマン・ドクトリン」は、アメリカがヨーロッパの安全保障に積極的にかかわることの意思表明であったし、ヨーロッパの経済復興を支援する「マーシャル・プラン」は、自由貿易体制の構築によって国際秩序の創出を目指したアメリカの意思を反映していた。そして、マーシャル・プランを受けた西側諸国の経済復興は、各国における経済成長の達成と福祉国家体制の確立をもたらす前提条件を作り出した。それは、ヨーロッパ諸国の国民に、高い生活水準、民主主義、自由、人権といった価値を実現させ、彼らの自信を回復させる原動力となった。

アジアでは、冷戦の代理戦争が繰り広げられた。原子爆弾は、アメリカだけがもつ兵器ではなくなっていた。こうした状況において、ヨーロッパの安全保障のために、北大西洋条約が結ばれ（四九年四月）、しだいに軍事機構として役割が強化されていった。こうして、アメリカが提供した自由貿易体制とNATOによるヨーロッパの安全保障という大きな枠組みのなかで、ヨーロッパ統合は始められたのである。

その起点になったのは、欧州石炭鉄鋼共同体（五一年四月設立）であり、五八年のローマ条約によって、これに欧州経済共同体、欧州原子力共同体が加わり、統合は三つの共同体からなるものへと拡大した

（六七年にこれらを合わせてＥＣと呼ばれるようになる）。石炭、鉄鋼、原子力のような安全保障に関わる資源・エネルギー分野の超国家的機関による管理という点に、まさに歴史的な仏独間の対立を解消して、冷戦下における西欧諸国間の平和と協力関係の実現を目指すという、統合の第一の目的が表われている。また、経済共同体における各分野の共同市場創設も、統合によって利益を得られるところから始めるという機能主義の考えを反映していたが、それは冷戦状況における現実的な対応であった。

第二次大戦後から七〇年代初めまでの時期は、今日のグローバリゼーションの時代との対比で、「統制された資本主義の黄金の時代」と評されることもあるように、西側先進国がそれぞれ経済発展と福祉国家体制の構築を享受できた時代であった（Ｍ・Ｂ・スティーガー『新版グローバリゼーション』櫻井公人他訳、岩波書店、二〇一〇年、四六頁）。ＥＣ諸国に限らず各国は、政府の各種政策を通じて、すなわち対外的には主権を行使して、各国にとって必要なものとそうでないものを峻別した。したがって、ＥＣは超国家的機関であるとはいえ、国家主権とぶつかることがあった場合、それに勝る機関ではなかった。ヨーロッパの歴史において、冷戦期のヨーロッパ統合は、あくまでその冷戦という環境に規定されたものであった。よって、冷戦後の世界である今日のＥＵとの間には、ある種の断絶の側面があると理解すべきである。

しかし、今日のＥＵにまで継続し、そして今日のＥＵのセールスポイントでもあると思われる点が、確かにある。それは、民主主義、人権といった価値による結びつきである。六〇年代以降世界は多極化にむかった。アメリカの威信は揺らぎ、その経済力も相対的に低下した。しだいにソ連陣営の閉塞状況が明らかになり、第三世界の国々はますます国連での発言力を高めていった。このようななかで、ヨーロッパから継続して発信されたのは民主主義や人権という価値であった。欧州人権条約採択（一九五〇年）以来、民主主義と法の支配、人権、多様な文化的アイデンティティを保護する地道な活動が続けられた（遠藤編、前掲書、一二二―一三〇頁）。多極化やデタントの進行とあいまって、ヨーロッパから発せられた諸価値は、今日「欧州人権レジーム」や「ヨーロッパ社会モデル」として実を結んだ。

5　ポスト冷戦時代のＥＵにおける統合の深化と拡大の問題

ヨーロッパの統合は、冷戦の突然の終結によって一気に進展した。一九九〇年に東西ドイツが統一を果たすことなど、誰も予想していなかっただろう。その意味で、九三年十一月のＥＵの成立は、冷戦期のＥＣからのきわめて大きな跳躍であり、新しい実験の開始であったと言ってよい。これまで述べてきたように、ヨーロッパ統合の試みは、古くはナショナリズムと民族自決権によって跳ね返され、第二次大戦後の西側諸国のみによるＥＣも、「冷戦」に絶対的に規定された存在であり、国家主権の高い壁が統合の前に立ちはだかった。しかし、ＥＵは、冷戦下とは異なる、初めてぶつかる状況に対応していかなくてはならない。

それでは、ＥＵにとって、今日の状況は、冷戦時代とはいかなる点で異なるのであろうか。第一に、安全保障面が異なる。冷戦期は、アメリカによる安全保障の後ろ盾があったが、今日、必ずしもそのような関係ではなくなった。もちろん、ＮＡＴＯは健在であり、ＥＵとＮＡＴＯとの連携がなくなることはない。しかし、イラク戦争でのアメリカのリーダーシップに関して、ＥＵ内で対応が分かれたことは記憶に新しい。そして、今日のＥＵ東方拡大によってすでに東欧諸国の多くが加盟し、ＥＣ時代とは異なるバランスの上に安全保障も展開されるようになる。今後、旧ユーゴ諸国の加盟が俎上にのぼってくる。そのとき、内部に民族紛争を抱えるこれらの地域において、紛争が完全に解決されてからの加盟になるとは考えられない。ＥＵの東方拡大は、そのなかに、さまざまにねじれた紛争の要因を取り込むことを意味するだろう。それは、冷戦期の安全保障の構図ほど単純ではない。

第二に、経済のグローバル化への対応という点が異なる。冷戦期、アメリカの提供する自由貿易体制の下で、西欧諸国は経済発展を追求することができた。その状況下でのヨーロッパ統合の成果がＥＣであった。ただし、冷戦下の七〇年代にすでに、アメリカが提供する自由貿易体制は崩れた。ドル・ショックとオイル・ショックは、世界経済の相互依存が深く進行していることを示し、八〇年代に各国が取り組んで実施されたさまざまな規制緩和・自由化は、今日の経済のグローバル化をもたらすきっかけとなった。ヨーロッパの小国が一国でこのグローバリゼーションの波に対抗することの困難さが、ＥＵへと向かう求心力となっている。したがって、ＥＵが超国家機構として、共通経済政策を実行でき、各国の主権を超えた指導・介入によって各国経済の安定をもたらすことが可能なかぎりで、ＥＵの求心力は働き続けるだろう。しかし、これは逆に言うと、ＥＵが加盟国の経済的利益を実現できない場合、統合の求心力に問題が生じることを意味する。

アメリカに端を発する世界金融危機と不況の到来は、ヨーロッパ小国の経済にも多大な影響を及ぼしたが、二〇一〇年の春にギリシャで見られた光景はまさにそのことを示す出来事であった。ギリシャは、悪化した国家財政立て直しのために国民生活に痛みを伴う改革を求められ、反発した市民の大規模な暴動が発生したのである。その後まもなくして、スロヴァキア政府が、ＥＵによるギリシャ支援を拒んだことが伝えられた。経済的に遅れたスロヴァキアのような小国がなぜ、さらなる出費を求められるのか、という国民の反発の結果であった。将来、旧ユーゴ諸国がすべてＥＵ加盟を果たしたと仮定して、例えば、マケドニア救済のためにクロアチアも痛みを分かち合うことを求められる状況が生じたとしたら、どうだろう。すでに述べたように、クロアチアは旧ユーゴ時代、より大きな経済主権を確立するために、連邦からの独立を求めたのではなかったか。

第三に、ヨーロッパ・アイデンティティとナショナリズムの問題がある。民主主義、法の支配、人権といった諸価値を共有するヨーロッパという点では、「欧州共通の家」、「欧州人権レジーム」、「ヨーロッパ社会モデル」といったアイデンティティを自らのものとして受け容れ、それに価値を見出す多くの人々がいるだろう。しかし、ナショナリズムもまた消えてなくなることはない。ＥＵという機構が成立しても、イタリアやフランスやドイツがなくなるわけではない。旧ユーゴでは、「ユーゴスラヴィア人」という範疇のアイデンティティをもつ人口の増加がみられたことはすでに述べた。ＥＵ

において、自らを「ヨーロッパ人」と規定し、それがアイデンティティであるという人口の割合は、はたして増えるだろうか。ＥＵは、「多様性の中の統一」を標榜し、したがって「ヨーロッパ人」を作り出そうとはしていない。

この点でＥＵとアメリカとは対照的である。ＥＵは、「アメリカ合衆国」と同様な意味で「ヨーロッパ合衆国」とはなりえない。アメリカ人を形成するのは、アメリカの国旗や国歌、アメリカ的価値観を受け容れ、それに忠誠を誓うことを約束した人々であり、まさに人工的に作り出された国民意識による。翻って、ヨーロッパの各地に暮らす人々には、厳然としてそこに彼らのホームランドがあり、共通の言語とナショナルな価値観を共有する人々が存在する。彼らにとって、いくらヨーロッパ共通の価値観としての人権や民主主義を受け容れているとはいえ、紛争が生じたときに強力に作用するのはやはりナショナルな価値観ではないだろうか。旧ユーゴ諸国のＥＵ加盟が果たされると、そうした民族間の軋轢が持ち込まれ、周辺国を交えた紛争になる可能性がある。

結びにかえて

ＥＵとユーゴスラヴィアというテーマが筆者に与えられたときに真っ先に浮かんだのは、「グローバル・ヒストリー」の観点から、この場合、特にヨーロッパという全体のもつ歴史的な文脈から、Ｅ

U拡大とそれへの旧ユーゴ諸国の加盟問題を考察するという構想であった。今日、EUについて語られるとき、EUがすでに当然の存在であることを無条件に前提して、グローバル経済における欧州統合のもつパワーとか、欧州統合のさらなる深化・拡大が論じられたり、また、EUのもつ平和、人権、民主主義というイメージが先行して、そのもとでの統合拡大もまた無条件に望ましいものと論じられたりするときに、若干の違和感を覚えずにはいられなかった。ユーゴ紛争が激化した一因にEU（EC）の対応があったという指摘はしばしばなされる。そのEUに旧ユーゴ諸国がすべて加盟を望んでいる状況をどう理解したらよいのか。また、すでに加盟を果たした国もこれから加盟を目指す国も、一九九〇年代にやっと手に入れた独立国としての地位があるにもかかわらず、EUという超国家機構への加盟を望む点をどのように理解したらよいのか。EUとはどのような組織であろうとする存在なのか。こうした問いについて考察しようとするとき、旧ユーゴスラヴィア諸国の経験は格好の素材を提供してくれるのではないか。そして、今後ますます、「グローバル・ヒストリー」の観点からEUの歴史的意義について議論を深めていく必要があるだろう。

［参考文献］

柴宜弘『ユーゴスラヴィア現代史』岩波新書、一九九六年
小山洋司『EUの東方拡大と南東欧――市場経済化と小国の生き残り戦略』ミネルヴァ書房、二〇〇四年

羽場久美子・小森田秋夫・田中素香編『ヨーロッパの東方拡大』岩波書店、二〇〇六年
遠藤乾編『ヨーロッパ統合史』名古屋大学出版会、二〇〇八年

ヨーロッパのなかのイギリス——その「特別な関係」

グレン・Ｄ・フック

はじめに

イギリスとヨーロッパ大陸は距離的な近さにもかかわらず、さまざまな意味で遠い存在である。ヨーロッパと距離をおいていた大戦直後の数年と比べて、現在、イギリスは政治的にも経済的にもヨーロッパに接近しており、一九七三年に発足した欧州共同体（ＥＣ）、今日の欧州連合（ＥＵ）の加盟国となった。しかしイギリスは、一般国民の認識やアイデンティティという点では、依然としてヨーロッパとは距離があるうえ、ユーロ経済圏には入らず国際通貨としてのポンドを維持しつづけており、いまだに完全なＥＵ加盟国とはいえない。イギリスはヨーロッパという場において国際的役割を果たし、ＥＵの拡大を支持しているが、国益に見あわない場合は、「ヨーロッパ連邦」「ヨーロッパ超大国」「ヨーロッパ・一つの国家」といわれるような統合の深化を食い止めようとする。このようにイギリスは、ヨーロッパの政治的プロジェクトを一〇〇パーセントは支持せず、他方、そのプロジェクトの具体化と方向性には影響を及ぼそうとする両義的政策を実施しているといえよう。イギリスが居心地よく感じられる方向にヨーロッパを推進させようとし、それによってヨーロッパとの「特別な関係」をもとうとしているのである。

このような志向は、政権が労働党であろうと保守党であろうと、あるいは現在の保守党と自由民主党との連立政権であれ、依然として強い。一九八〇年代後半から九〇年代まで、労働党はよりヨーロッパ寄りになっていた。このことは九七年以降、トニー・ブレア首相の労働党政権下で特に明白となったが、つづく同党のゴードン・ブラウン首相の政権下ではその傾向は薄れた。保守党は以前から、他の二つの主要大政党よりもはるかにEUに対して懐疑的な態度を示しており、特にユーロ導入に対しての懐疑的態度（euro-skeptic attitude）は党員やタブロイド紙、そして反ヨーロッパ的立場をとるロビイストや活動家たちによって支えられている。さらに、主要大政党ではないものの英国独立党はイギリスのEUからの脱退に向けて活発に活動している。しかしこの政党は、ヨーロッパ議会では一二議席を保持しているが、英国下院議会に議席はない。自由民主党は主要三大政党のなかでは最もヨーロッパ寄りであるはずなのに、デーヴィッド・キャメロン首相が率いる連立政権下のヨーロッパ政策には党の理念がそれほど反映されていない。すなわち同党は、現政権期間中におけるユーロ導入を除外する連立政権の同意書に署名したことからも示されるように、党の理念を追求するよりも、権力の一部を握ることを重視しているようだ。つまり、イギリス政府はヨーロッパ政策においては、いかなる政権であれ、イギリスがEUの中核にあるよりも、周縁にあることを志向してきたのである。

この序論が示すように、イギリスのヨーロッパ政策は、ヨーロッパから一定の距離を保ちつつも、ECやEUの一員としてありつづけるように展開されてきた。本稿の目的は、ヨーロッパをめぐるイギリスの両義的態度と、そのヨーロッパ政策を考察することである。

1　イギリスと世界

かつての大英帝国は世界における指導的役割を果たしてきたが、戦後世界の三つの中核的なプロセスはイギリスの外交政策に大きな影響を及ぼすことになった。

第一のプロセスは脱植民地化である。主として大英帝国の植民地からなるイギリス連邦は、イギリスに国際的指導権を与えてきた。しかし、大戦での勝利に続く脱植民地化運動はイギリスの国際的役割に大きく影響し、大英帝国の根本的転換を意味した。たとえば、一九六〇年代にはニュージーランド産バターへの貿易保護が実施されていたが、七〇年代になると、イギリス政府や業界は連邦との貿易を保護するよりも、むしろECとの貿易を優先するようになった。貿易機会の拡大は、イギリスがEC加盟に惹かれる大きな理由の一つであった。ECとイギリス連邦との間のバランスを維持するよりも、ヨーロッパ寄りになることによって、イギリス連邦との新しい国際関係を築く必要性が生じてきたのである。

第二のプロセスは、冷戦対立である。イギリスはアメリカとソ連を中核とする「二つの世界」のアメリカ側に立ったが、それは戦後世界がアメリカの覇権時代になったことを象徴している。イギリスにとってグローバルな役割を維持しようとするさいの緊張は、前述のイギリス連邦との関係にではなく、むしろアメリカの同盟国としてふるまうこととヨーロッパにおけるパートナーとしてふるまうこととの間にある。戦後、イギリスはその外交政策の中核として、強力な軍事同盟を基礎とした「特別な関係」を発展させることで、覇権国家としてのアメリカの台頭に呼応した。この「特別な関係」は、軍事機密の共有とイギリスの核兵器保有へのアメリカの支持、支援を意味していた。アメリカとの「特別な関係」という考えへの執着は、権力の維持という観点だけではなく、イギリスとアメリカの歴史的、文化的そして言語的類似性から生まれたものだが、アメリカから見ればその関係は必ずしもイギリス側が考えているほど「特別」ではなかった。しかし、イギリスは一九五〇年代初頭、その関係が「特別」だという考えにもとづいて、ヨーロッパの政治的プロジェクトに参加する選択肢を拒絶してきたのである。しかし、六〇年代初頭以降、この初期の政策を転換し、イギリスはECに接近することになる。

フランスやドイツといったEC発足からの加盟国と比較して、イギリスはアメリカの世界戦略や政策において、より重要な役割を果たしてきた。このことは、イラク戦争にたいする支持や支援をめぐる政策においても明らかだろう。フランスやドイツはイギリスとは違って、イラク戦争への参加に反対した。しかし、アメリカとともに戦い、血と財を通じてアメリカを支援することは、アメリカとの

「特別な関係」をイギリスが実証する手段だった。つまり、英米の「特別な関係」はヨーロッパとのそれとは異なり、軍事協力を基盤としているのである。

第三のプロセスは、ヨーロッパ統合の発展である。EC・EUの発展はヨーロッパの平和と秩序に貢献した。それは地域のみならず、グローバルな秩序転換を意味する。イギリスはECやEUにおける指導的な位置を通じてグローバルな役割を果たそうとしてきたが、イギリスでは、イギリス連邦、アメリカ、ヨーロッパとの間で緊張が高まれば、ヨーロッパ関係をより強化すべきだという議論がある。それは、経済的合理性にもとづくものである。たとえば、イギリスにとっては一九六〇〜七〇年代の成長低迷期に、ダイナミックなヨーロッパ経済との貿易・金融関係を強化することは、特に魅力的であった。しかし八〇年代、保守党の首相マーガレット・サッチャーのもとでの経済改革のあと、ヨーロッパとの経済関係を強化する選択はあまり魅力的には映らなくなった。イギリスは九〇年十月に欧州為替相場メカニズムに参入したが、九二年九月にはジョージ・ソロスのような通貨投機家によってイングランド銀行が打ち負かされ、このメカニズムからの撤退を余儀なくされた。このポンド危機、いわゆる「ブラック・ウェンズデー」ののち、ポンド切り下げと金利引き下げによりイギリスは経済的繁栄を享受できるようになり、親ヨーロッパ経済政策の魅力はさらに少なくなったといえる。

このようにイギリス政府は戦後世界における三つのプロセスに対応してきた。イギリスは、ヨーロッパの政治的プロジェクトの発展を背景に、世界における自国の役割のみならず、その経済政策の方向性やアイデンティティまでも再検討してきた。労働党、保守党、あるいは現行の連立政権であれ、いずれの政権にとっても、外交とはこれら三つの外交政策のひとつを選択するというゼロサムゲームではなく、この三つを調和させ、いわゆる「均衡外交」を展開することであった。時代によってそのバランスは異なっているが、ヨーロッパを無視することはできない。

したがって、イギリスにとってはこの三つの広範な国際的領域における役割がさまざまな意味をもっている。一つめはイギリス連邦の開発途上国にとってのリーダーであること、二つめはアメリカの覇権の支持者であること、三つめは、ECやEUの先進国のなかで国際的かつ指導的な役割を担うことである。イギリスは、これらの三つの関係のどれに比重をおいても、政府が「国力以上の国際的役割を果たそうとする」(punch above its weight)と揶揄されている。第二次世界大戦の戦勝国として世界における指導的役割を維持しつつ、大英帝国という過去にも対応しなければならないのである。

2　EC加盟までの曲がりくねった道のり

イギリスは政治、経済両面での衰退を経験することによって、ヨーロッパに対するこの両義的態度を生み出したといえよう。イギリスの衰退の背景には一九七三年のEC加盟に至るまでの政府政策の方向転換があった。まず第一に、イギリスが五一年のパリ条約調印によってできた欧州石炭鉄鋼共同体(ECSC)に加盟せず、また五七年の欧州経済共同体(EEC)と欧州原子力共同体(EAEC)加盟に関する二つの基本条約（ローマ条約）も批准しなかったことが決定的であった。逆説的ではあるが、国際的役割を維持しようとすることへの関心は、七二年にイギリスがＥＣへの加入を決定したこととも関係している。この七二年の加盟決定までに、イギリスとヨーロッパとの関係は密接になっており、イギリスは七三年一月一日のＥＣの第一次拡大にさいして加盟の必要性を認識していた。しかし、ＥＣへの加盟は曲がりくねった道のりであった。

イギリスは、ＥＣへの加盟申請を三度も試みたのだが、そのうちの二度の申請が拒否されている。一九五六年に当時のエジプト大統領ガマーン・アブドゥル＝ナセルがスエズ運河の国有化を決定したスエズ危機にさいし、イギリスは自国の歴史的衰退を認識し、ヨーロッパとの関係を強化しようとした。イギリスの期待とは裏腹に、アメリカ大統領ドワイト・アイゼンハワーはこの危機にさいして、イギリス、フランスというヨーロッパ側ではなく、エジプト側を支持した。スエズ危機が明確に示したのは、イギリス、フランスというヨーロッパの二大帝国が直面した世界の大変化であった。六八年にイギリスがスエズ運河からの軍の撤退を決定したことに象徴されるように、イギリスはアメリカにとって以前ほど「特別」な存在ではなくなった。これにより、イギリスはフランス同様、エジプトのみならず中東における広範な権力をアメリカに奪われたのである。

イギリスは自国の衰退とそれにともなう国際的役割の減少を背景として、一九六〇年代にＥＣへの加盟を二度申請したが、いずれも失敗に終わる。最初の申請は六一年にハロルド・マクミラン首相の保守党政権下になされたもので、申請をめぐり保守党内は二分した。これは党内でいかに多くの党員がＥＣに懐疑的であるかということを示した。結局、マクミラン政権は申請に踏み切ったのだが、その申請はフランス大統領シャルル・ド・ゴールの拒否により屈辱的な失敗に終わった。六三年にド・ゴールの発した「ノン」は、ＥＣとの関係を変えようとしたイギリスの最初の試みに終止符を打った。二度目の申請は六七年、ハロルド・ウィルソン首相の労働党政権下になされたもので、これも同様に労働党を二分した。この申請は、またしてもド・ゴールの「ノン」という憂き目にあう。ド・ゴールは六七年のイギリスの二度目の申請のさいにイギリスはＥＣとは相いれないと述べた。

もちろん、ド・ゴール大統領がイギリス加盟を拒んだのはフランスの国益への配慮によってであろう。イギリスはＥＣへの加盟を通じてイギリスの国際的な役割を次第に増大させようとしていたが、それはまた、フランスも同様だったのである。スエズ危機以降、フランスとイギリスはかつての帝国主義国として、またヨーロッパにおける核兵器保有国として、グローバルな役割を獲得しようとしていた。フランスは、一国でグローバルな役割を必死に得ようとしていたし、かたやイギリスはその連邦とアメリカとの関係をもってそうした役割を展開しようとしていた。

一九六九年のド・ゴールの失脚を経て、ようやくイギリスの三度目の申請が受理されることになる。七〇年に保守党党首エドワード・ヒースが総選挙に勝利し、ＥＣとの加盟交渉が再開された。イギリスは、七三年の第一次ＥＣ拡大で、保守党政権下において、アイルランド、ジブラルタル、デンマークそしてグリーンランドとともに正式にＥＣに加盟したが、それぞれの加盟方法は異なった。デンマークとアイルランドが国民投票の可決を経たのに対し、イギリスは国民投票なしでＥＣに加盟することとなった。（ノルウェーはこのとき国民投票の否決によって加盟できず、またグリーンランドは八五年の国民投票によりECから脱退することになった最初で唯一の国である。）

このようにイギリスのEC加盟は、国民の信任の結果ではなく政府レベルでの決定にすぎなかった。EC加盟というヒース政権の決断には国民のレベルでの正統性はなかったのである。それは、一九七五年に労働党首相ハロルド・ウィルソンの第二期政権において行なわれた国民投票でようやく認められることになった。ウィルソン労働党内はヒース保守党内と同じようにEC加盟をめぐって二分していたが、ウィルソンはそれを考慮にいれ、国民投票に関する政治運動において、閣内相や閣外相が加盟賛成の運動だけではなくECからの脱退を目指す運動にも参加できるようにした。つまり同じ政府の大臣が加盟か非加盟かをめぐりキャンペーンを張りあう状態となったのである。国民投票の結果はECにとどまることであった。「イギリスはECに加盟しつづけるべきか?」という設問に対し、六六%がイエスと答えた。しかし時が経つにつれ、EC・EUへの支持は衰え、現在のEU二七カ国中、イギリスにおけるEU支持率は平均値よりはるかに低い。例えば、二〇〇九年秋の「ユーロ・バロメータ調査」では、イギリス以外の二七カ国のEU平均支持率五七%に対して、イギリスでは三六%にとどまっている。

3　EUの展開とイギリスの「オプトアウト」

一九七三年のEC加盟までの曲がりくねった道のりのあと、イギリスの戦略は主として、一方においてイギリスの利益に反するECの深化に抵抗すること、また他方においてはECの拡大を歓迎するということであった。イギリスは「ヨーロッパ連邦」「ヨーロッパ超大国」「ヨーロッパ・一つの国家」の創出に反対する立場をとりつづけた。また、イギリス政府はEC加盟にともなういわゆる内政干渉にできる限り抵抗し、議会主権の侵食を阻止しようとした。これは「イギリス政府はヨーロッパ政策の方向性に影響を与えなくてはならない」ということを意味した。そのため、イギリス政府は自国の国益を満たす加盟条件を確保することによって、ECに対する両義的態度を維持してきた。ECとの「特別な関係」を成り立たせるために用いられた手段は「オプトアウト」（オプト＝選択して／アウト＝外す）である。つまりイギリスはECのいくつかの政策領域において参加するか否かの選択を許されるよう、ヨーロッパの政策と立法をめぐって交渉したのである。他の加盟国はすべての領域においてECの政策を順守する必要があるが、イギリスは政府がオプトアウトを交渉した政策領域については参加しなくてもよいということである。

まず最初に、イギリスは一九八五年のシェンゲン協定からのオプトアウトを得た。シェンゲン協定は九七年のアムステルダム条約に組み込まれ、ＥＵ法の一部になっている。現在その適用領域は、イギリスとアイルランドを除く他の加盟二五カ国から成る。そのもっとも重要な機能は、国境に関係なくその領域内での個人の移動や通行の自由を保障することであり、加盟国間の国境検問を廃止している。このオプトアウトのねらいは、特に亡命者や移民のイギリスへの入国を管理することである。移民問題に対するイギリス国民の敏感さは、二〇〇九年秋の「ユーロ・バロメータ調査」からも見て取れる。そこでは、イギリスにおける回答のほぼ三分の一が移民への不安を示しており、ＥＵ加盟二七カ国の平均九％の三倍以上にもなるのである。このような一般的な不安は、二〇一〇年二月のＥＵ指令からのオプトアウトにも見られるだろう。政治亡命者の取扱いに最低限の基準を与えようとしたこの指令を、イギリス政府は二〇〇三年に導入した迅速に亡命者を処理するためのシステム（ファスト・トラック）を侵食するものとみなしたのである。

二つめのオプトアウトは諸権利に関することである。ＥＣは、一九八七年七月に発効した単一欧州議定書によってさらに前進した。そのねらいは「モノとヒト、サービスと資本の自由な動きが保障される国境なき市場」を創り出すことであった。八五年から九四年まで欧州委員会委員長であったジャック・ドロールの主導のもとで、単一市場の創出やＥＣの経済通貨統合の促進だけでなく、ＥＣ基本権憲章を通じての労働者保護も図られることになった。これは、サッチャー率いるイギリスの保守党政権が推し進めていた政策とは相いれないものであった。サッチャー政権は、競争力の強化を基礎にした新自由主義政策をつうじて、イギリス経済の活性化をねらっていたのである。

一九九三年に発効し、EUを誕生させたマーストリヒト条約は、単一通貨ユーロに代表される加盟国間の経済金融統合、また、ジャック・ドロール主導による社会憲章を含んでいた。同年に制定されたEU労働時間指令に関して、サッチャー政権につづく保守党ジョン・メイジャー政権は反対し、いくつかのオプトアウトを交渉した。しかし九七年、労働党のトニー・ブレアの勝利によって保守党政権の抵抗は終わり、イギリスのヨーロッパへの統合のペースは加速した。これは二〇〇一年、基本的人権に関する規定が含まれているニース条約にブレア政権が調印したことに顕著に表われている。しかし労働党政権のもとでさえ、社会政策の領域におけるEU化はそれほど進まなかった。なぜならブレア政権にとっても、イギリスの主権を維持することがより重要であったからである。

二〇〇七年に署名されたリスボン条約には人権憲章が含まれた。この条約は、EUを「より民主的に、より透明に、より効率的に」することを目指している。リスボン条約は、九五年に実施されたフランスとオランダの国民投票で過半数の有権者がマーストリヒト条約批准に反対したことをうけて、その代替として作られたものである。しかし、リスボン条約もまた、二〇〇八年六月のアイルランドにおける国民投票では過半数の有権者が批准に反対し、翌年十月に同国二度目の国民投票を経てようやく批准された。ゴードン・ブラウン労働党政権においてもまた、ユーロ懐疑的なメディアや野党保守党が国民投票実施を要求したが、最終的には実施されなかった。イギリスは他の二七カ国と同じように、リスボン条約を批准したが、ここでもいくつかのオプトアウトを獲得した。それにより、EU司法裁判所の権限は弱められた。保守党政権と同じように、ブラウン労働党政権は労働時間指令からのオプトアウトを得ることによって、労働時間の上限規制を免れている。これに見られるように、労働時間の上限規制からのオプトアウトはイギリスのグローバルな競争力や市場の柔軟性を維持するために必要だという考えを保守党、労働党、また現連立政権はもっているのである。

三つめの、より重要なオプトアウトは、欧州単一通貨ユーロに象徴されるEU経済統合からのものである。一九九九年にユーロ導入が決定され、二〇〇二年にはユーロ圏が発足したが、イギリスはそれに含まれていない。ユーロ導入の一つのねらいは、ドルの国際的優越性に挑戦し、EUのグローバルな位置を強化することである。ジョン・メイジャーの保守党政権は、ユーロ圏からのオプトアウトを強く要求し獲得したが、そのねらいはポンドの国際的役割を保持することでロンドンの金融街シティの地位を保護することであった。イギリスは今後、ユーロ圏に「オプトイン」することもできるが、現在の政権にその意志はない。ブレア政権はイギリスがユーロを導入する前にいくつかの経済的条件を満たす必要があるとしていたが、ブラウンはブレアほどユーロ導入に積極的ではなく、二〇〇七年に首相になったあとは、ユーロ導入が話題となることもなくなった。

最後の四つめは司法・内務協力からのオプトアウトである。リスボン条約は意志決定を全会一致から特定多数決方式に変えた。イギリスはこれにより国益が侵害される危険性が拡大したとして、この領域からのオプトアウトを獲得した。

4 キャメロン連立政権とヨーロッパ

前述のように、保守党はイギリスの主要三大政党のうち、最もユーロに懐疑的な政党であり、自由民主党はその逆である。そのため、保守党のデーヴィッド・キャメロン（現首相）が、親ヨーロッパ派である自由民主党のニック・クレッグ（現副首相）と連立政権を設立するためには、EU政策における妥協が必要であった。二〇一〇年五月十一日の連立合意において、以下の点は特に重要である。

われわれは以下のことで同意する。イギリス政府はEUにおいて先導的な役割を果たし、特にすべてのヨーロッパ諸国における二十一世紀の難局、すなわちグローバルな競争、グローバルな貧困、そして地球温暖化といったものに直面するための備えを確保するという目標を共有し、われわれのパートナーとともに強力で積極的な役割を果たす。現政権はこれ以上の主権あるいは権力をEUに移譲しないことに同意する。EUの既存の法的権限とイギリスの意志とのバランスを考察し、特にイギリスにおける労働時間指令の適用を制限するよう働きかけ、究極的権威がイギリス議会にあることを明確にする事案を考察する。イギリスが現政権ではユーロ導入あるいはその準備をしないということに同意する。今度のEU予算交渉においてはイギリスの国益を強く守り、

ＥＵのための予算はイギリスにとって価値のある領域にのみ焦点をあてるべきである。

この同意は、イギリス主権の保持、労働時間指令からのオプトアウト、ユーロ導入の見送りを明確に主張している。キャメロン首相は二〇一〇年六月のＥＵ首脳会議に出席し、「この会議でイギリスのさまざまなオプトアウトが保護されていることを確認できた」と述べた。この首脳会議では、ＥＵ予算に関するデータを共有する案が議論され、加盟国の予算をまずＥＵレベルで事前に調査することが提案された。しかしイギリスはそれを主権の侵害であるとし、予算はまずイギリス議会に提出されなければならないと主張した。この新しい方針は二〇一一年より実施されている。

また、ユーロ懐疑派であり、ＥＵの権力拡大に抵抗しているウィリアム・ヘイグ外務大臣は、やはり以前の政権と同じように、イギリスがＥＵのトルコやバルカン地域への拡大を支持することを明確にした。このようなＥＵの拡大はヨーロッパにおける平和と秩序を促進するだけでなく、イギリスの貿易地域や金融市場の拡大につながるという考えが根底にあるのだろう。

イギリスはＥＵが直面する問題として気候変動、地球温暖化、貧困、エネルギー安全保障などを想定しているが、これらの問題はＥＵだけではなく、グローバルな問題でもある。つまり前労働党政権と同じように、現在の連立政権もイギリスがＥＵを通じて、グローバルな指導者として行動することを望んでいるのである。

グローバル金融危機に端を欲するギリシャ経済危機は、国際金融市場のパワーがいかにＥＵの拡大を脅かすかを明らかにした。国際通貨基金およびユーロ圏加盟国からの一一〇〇億ユーロにのぼる借款によってなされたギリシャへの緊急援助は、いまのところ問題を抑えている。イギリスのユーロ導入に反対する勢力にとってギリシャ危機は、ユーロ不参加を「正しい決定」として追認するものとなった。もしもイギリスがユーロ圏の加盟国であったならば、ギリシャを助けるために公的資金が使われていただろう。自由民主党は基本的にユーロ導入に賛成ではあるが、前述の連立合意に調印しているがゆえ、現段階でイギリスがユーロを導入する可能性は皆無といえる。

しかし、ユーロ加盟国ではなくとも市場の影響は免れない。ユーロ圏の財政危機の影響もあって、二〇一〇年六月に連立政権が決定した緊急予算、また、十月の「歳出見直し」はきわめて厳しいものとなり、公共支出において相当な歳出削減が要求されている。前労働党政権が残した財政赤字が大幅削減の必要が生じた一因ではあるが、それよりも連立政権がギリシャ危機のあとで、市場や格付け会社の反応を恐れたことが重要であった。イギリスもまた、財政赤字に取り組む処置を講じなければ、市場のパニックを招き、信用格付けにおける格下げの危険性に直面するという不安を抱えていたのである。格付け会社スタンダード&プアーズによれば、イギリスは現在、最も上位のトリプルAに位置している。この最高格付けはイギリスが債券市場で最も安価なレートで借り入れられることを意味する。市場や格付け会社はEUの将来に対して非常に強力な影響力をもっているのである。

おわりに

　これまで述べてきたように、イギリスは市場の機会を得ることのみならず、ヨーロッパの平和と秩序を促進するためにEC・EUの拡大を支持してきた。その一方で、「ヨーロッパ連邦」「ヨーロッパ超大国」「ヨーロッパ・一つの国家」という考えには異を唱え、イギリスの国益にならないEUの深化には抵抗してきた。二〇〇四年五月の中欧、東欧へのEU拡大を当時の労働党政権は歓迎し、現在の保守党・自由民主党による連立政権もEUのさらなる拡大を支持している。この意味において、イギリス主要三大政党はEU拡大を促進しようとしてきたといえる。

　二〇〇八年に始まったグローバル金融危機、ギリシャ経済危機は、ヨーロッパ経済への挑戦である。かつてイギリスにとってECに加盟する動機のひとつは、ヨーロッパ経済のもつ魅力であった。現在、EUは経済的活力とユーロの安定を取り戻そうと努力している。連立政権は、EUの新しい中期成長戦略「ヨーロッパ二〇二〇」を支持しているが、それはもちろんEUがこれ以上イギリスの主権や法的権限を侵食しない限りにおいてである。EUは中国やインドの台頭に応えるだけではなく、拡大により生じるEU内部での競争力の不均衡を処理するという困難も抱えている。つまりグローバル経済において、EU加盟国には競争力の低い国々も含まれているということが、大きな問題となっているのである。

もちろん、イギリスにとって中欧、東欧諸国のＥＵ加盟による経済効果は、魅力的である。企業にとってもＥＵにおける、より安価な労働力や市場の創出は魅力的ではあるが、逆に海外進出がイギリスにおける雇用の機会を脅かす可能性も十分にある。それだけではない。ＥＵの中欧、東欧諸国への拡大はまた別の挑戦を引き起こす。すなわち、イギリス企業が東欧を魅力的だと感じるのと同様に、東欧の労働者もまたイギリスを魅力的だと感じるかもしれないのである。イギリスがシェンゲン協定で維持してきたオプトアウトは、ＥＵの同胞がイギリスで働くために移動することは認めている。この意味においてＥＵ内の移民という争点は、依然としてイギリスにとって難題のままである。イギリスとヨーロッパの真の「特別な関係」はこの争点が解決されたときに生まれるであろう。

（石黒純子訳）

［参考文献］

Ash, Timoth Garton, 'Why Britain is in Europe,' *The Ben Pimlott Memorial Lecture*, 2006.
Gifford, C., 'The UK and the European Union: Dimensions of Sovereignty and the Problem of Eurosceptic Britishness,' *Parliamentary Affairs*, 63, 2, 2010, 321-338.
Wall, S., *A Stranger in Europe: Britain and the EU from Thatcher to Blair*, Oxford, Oxford University Press, 2008.

社会的包摂とＥＵのガバナンス

宮本太郎

1　日本でも焦点化する社会的包摂

福祉政策の焦点が大きく変わっている。二十世紀の福祉国家は、所得保障あるいは所得の再分配を一貫して重視してきたが、併せて、人々が労働市場や地域社会に参加し自ら生活形成できる条件を拡大することが重要だ、という考え方も広く浸透しつつある。現金給付そのものよりも、職業訓練、教育、保育サービス、住宅環境などの生活インフラ、雇用機会拡大とその見返りの強化を重視するのである。この考え方は、今日、社会的排除との闘い、社会的包摂（ソーシャル・インクルージョン）と呼ばれる。

日本でも、構造改革路線からの軌道修正を図った自公政権の末期からこうした考え方がはっきりと打ち出されるようになった。麻生内閣のもとでの「安心社会実現会議」（二〇〇九年）はその報告書で、排除されている人々に対して「社会的包摂」を図るべきであると述べた。政権交代後の鳩山首相は、施政方針演説のなかで「出番」と「居場所」のある社会を掲げた。また、菅政権がすすめる社会保障改革のたたき台となっている『社会保障改革に関する有識者検討会』報告書」（二〇一〇年）は、社会保障改革の理念として、社会的包摂をすすめる「参加保障」を掲げた。

少なくとも言説のうえでは、日本でも社会的包摂という考え方がこのように大きな役割を果たすようになっている。大きな転換点に立つ日本の雇用と社会保障に関して、社会的包摂が打ち出されるということは、どのような意味をもつのであろうか。

社会的包摂という考え方は、ヨーロッパに由来し、そしてヨーロッパ統合と一体となって発展してきた。社会的排除との闘い、あるいは社会的包摂は、一九九九年に発効したアムステルダム条約によってEUの基本目標とされ、翌年のリスボン戦略で加盟諸国間の政策調整が開始された。二〇〇五年にはこのリスボン戦略の見直しがおこなわれ、その「再スタート」が謳われた。そして二〇一〇年は「貧困と社会的排除と闘うヨーロッパ・イヤー」とされ、社会的包摂の新しい展開が図られている。

2　社会的排除と包摂

社会的排除という概念が現在のような意味で用いられるようになったのは、シラク内閣の社会相のルネ・レノアールが、一九七四年に公刊された著書『排除されたもの、十人のフランス人のうちの一人』（*Les exclus: un Français sur dix*）のなかでこの言葉を用いてからであるといわれる。レノアールが強調したのは、精神や身体に障がいのある人々、長期失業者、片親家庭など、社会的に排除された人々の存在で、その数はフランスの人口の十分の一に及ぶとされた。ところが、こうした人々の状況に既存の福祉国家が対応していないのである。

フランスにおいてこの言葉が登場したその翌年、七五年に、当時のＥＥＣの閣僚理事会は「社会的行動計画に関する決定」を採択した。この決定は各国で貧困問題を調査するさまざまなプログラムに財源をつけたもので、八九年に決定されたその第三次プログラムにおいて、社会的排除の概念は欧州統合の流れのなかに初めて登場した。すなわちこの年、フランスが議長国をつとめる閣僚理事会が採択した「社会的排除と闘う」という文書のなかで、「社会的排除とは、単に経済資源が足りないという問題を意味するのではない。排除と闘うということは、個人と家族が、人々を社会と労働市場に統合していく手段によって、人間らしい生活条件を得ることができる、ということを含む」と述べられた。

さらに同年に、拘束力のない政治宣言としてであるが、ストラスブールの欧州理事会で発表された「欧州社会憲章」では、「連帯の精神から、社会的排除と闘うことが重要である」と書き込まれた。このころから、社会的排除との闘いという言葉がしだいにヨーロッパの統合過程で聞かれるようになる。たとえば、九二年の閣僚理事会勧告「社会保護システムにおける十分な資源と社会的扶助についての共通の基準」では、社会的排除との闘いのために各国の政策調整をすすめるという課題がすでに論じられている。

しかし、なんといってもこの言葉がEUの中心的なテーマとして浮上するのは、九七年十月に調印されたアムステルダム条約が、社会的排除との闘いをEUの目標の一つとして掲げたことによる。ニース条約による改訂を経て、条約第一三六条は「高い雇用を持続し社会的排除と闘う」ことを「共同体および加盟国の目標」として掲げ、第一三七条においてはこの目標を達成するために「共同体は加盟国の活動を支援し補完する」と書き込まれている。

これに先立つ九七年五月のイギリス総選挙で、トニー・ブレア率いるイギリス労働党が十八年ぶりに政権に返り咲いたことも大きい。保守党政権下のイギリスは、長い間、欧州社会政策の推進の足かせであった。イギリスは、先に触れた「欧州社会憲章」にも反対した。マーストリヒト条約においても、労働条件、情報提供および協議、男女平等などの領域での多数決原理の導入はイギリスの反対で果たせず、イギリスを除く十一カ国は附属議定書をとりむすんで条約の外で多数決原理を導入した。

そのイギリスで、アンソニー・ギデンズらをブレーンとして、社会的包摂を掲げる労働党が政権に就いたのである。ブレアの最初の仕事は、アムステルダム条約の交渉に決着をつけることであった。さらにブレアは、これも同年のうちに、首相直属（二〇〇二年以後は副首相直属）の省庁横断的な機関として「社会的排除ユニット（Social Exclusion Unit）」を設置した。社会的排除との闘いは、貧困の要因を多元的にとらえるところに特徴があり、この機関も、住宅問題、失業問題、健康問題、犯罪など「複合した問題に連携して対処する」ことを目指すとされた。

こうして社会的排除との闘い、社会的包摂は、ＥＵの重要な課題として位置づけられたのである。

3　新しいガバナンスの必然性

ここで社会的排除との闘い、社会的包摂という概念について整理をしておこう。このような考え方が、二十世紀型福祉国家の揺らぎのなかで登場した、と述べた。それは次のような意味である。

第一に、これまでの福祉国家は、多かれ少なかれ、男性稼ぎ主の安定した雇用や家族の凝集力を前提に組み立てられてきた。この前提が根本から崩れている。雇用や家族が技能形成や社会化の場として機能しなくなり、人々の自立促進（あるいは社会統合）をすすめることが難しくなっている。機能不全に陥ったこうした機能を代替し、人々が社会と労働市場に参入していくことを支援する社会的包摂が重要になる。

第二には、第一の点と関連して、人々が社会と労働市場から排除されるに至る要因が、ますます多元的になっている。階級的な格差のみならず、ジェンダーやエスニシティなどにかかわる要因が複雑に絡み合う。貧困や失業をもたらす「多元的要因」と、その多元的要因が複合して問題を引き起こす「関係的プロセス」のダイナミクスを捉えようとすることこそが、社会的排除という考え方の特徴であり、有用性である。

第三に、雇用や家族が不安定化し、社会的リスクが一部の低所得層や不安定就業層だけの問題でなくなると、一部の困窮層だけに対象を絞って所得保障をすすめることには、中間層の抵抗が大きくなる。これに対して、福祉政策が受給者のたんなる保護のためだけでなく、その自立を促す政策として展開されていくことが強調されるならば、政策の正当化ははるかにたやすくなる。

第四に、資本の自由な国際移動が増大すると政府の有効需要創出策は従来のような効力をもたなくなってくる。これに対して、労働力の供給側に力点をおき、再訓練などをとおして人々の就労可能性を高めていく政策は、人的資本への投資という性格を有しており、長期的にみて競争力拡大にむすびつく可能性がある。

以上のような意味で、社会的包摂という考え方には福祉国家の機能不全に対処していくという役割が期待される。他方で、こうした考え方が前面に出ることに対しての批判もある。とくに強いのは、排除か包摂かという議論の単純さ、曖昧さについてである。

社会的排除と包摂の境界線は自明ではない。したがって、この境界線の引き方しだいでは、包摂されたなかでの、資源配分の不平等なり、階層性なりが不問に付される場合がありうるのである。たとえば、就労それ自体が社会的排除の解消とするならば、労働市場の変容がうみだす不安定就労やワーキング・プアの問題は射程の外に置かれる。また、労働市場の外部での無償労働分担をめぐる不平等なども問題とされにくくなる。

だが、一方でこの曖昧さは、社会的排除との闘いという理念の強みでもあった。排除や包摂という概念の曖昧さゆえに、本来はかなり考え方の異なった国々や諸勢力が、この言葉に賛同できたのである。この考え方が浮上したのは、フランスとイギリスにおいて共にこの概念が政策形成の中心に躍り出たからであった。しかし、この二国に限定しても、実は社会的排除と包摂についての考え方はずいぶん異なっていることが指摘されている。

フランスにおける議論は、共和主義的な伝統に基づいて、社会的排除の拡がりを、社会的連帯とモラルの揺らぎとして広くとらえた。これに対してイギリスでの議論は、問題を自立した個人の相互交換関係に生じた不均衡としてとらえる発想が強く、したがってその処方箋として社会的包摂が唱えられるときも、労働市場への参入がまずは重視されることになっていく。

さらに北欧型のアプローチもある。ＥＵにおいてこのような社会政策上の理念が拡がったことは、一九九四年にスウェーデンが、さらには二〇〇〇年にデンマークがＥＵ加盟を決める前提となった。北欧諸国では、もともと積極的労働市場政策など支援型の公共サービスで人々の労働市場参加を支えるというアプローチが重視されていた。だがその社会的連帯のあり方は、フランスのように職域ごとの連帯をつないでいくという仕組みとは異なり、政府の責任がもっと前面に出る。

つまり、加盟国のレジームごとに異なった理念と方法があるのである。もちろん、各国のレジームそのものが大きな転換を迫られているという事実が出発点である。フランス型であれ、イギリス型であれ、あるいは北欧型であれ、二十世紀型福祉国家は、多かれ少なかれ安定した雇用と家族を前提に、勤労所得が中断した場合の所得代替を目指した。ところが先に述べたように、こうした前提が崩れた。

だからこそ各レジームが、社会的包摂を軸にした政策再編を追求せざるをえなくなっているし、また、それゆえに社会保障や福祉のガバナンスのあり方そのものの転換も求められる。たとえば、人々の就労や社会参加を妨げる多元的要因に適切に対応するためには、政府のみならず、NPOや協同組合など多様な民間アクターの連携が必要になる。

しかし、にもかかわらず各国はそれまでのレジームの遺制をひきずっており、社会的包摂を追求するにあたってもそのアプローチの違いが生まれる。排除、包摂という概念の曖昧さは、このように異なった理念と方法が「相乗り」をするうえでかえって有益であったが、これからは多様な方法を認めつつも、EUとしての共通の価値を実現していくことが重要になる。

つまり、二十世紀型福祉国家がいずれのレジームでも大きな転換を迫られ、加えて、EUの統合というトランスナショナルなレベルでも、あるいは多様な民間アクターの活用というローカルなレベルでも、ガバナンスの転換が求められている。そのなかで、各国はそれまでのレジームのあり方に規定された、経路依存的な政策選択をおこなわざるをえない。こうした状況に対応した新しいガバナンスが求められることになる。

4　「開かれた調整手法」と新しいガバナンス

実はアムステルダム条約が調印された前後には、このような新しいガバナンスに向けたいくつかの仕組みもまたスタートしていた。その一つは、アムステルダム条約において条約上の根拠（一二八条）をもって導入された「ヨーロッパ雇用戦略（ＥＥＳ）」の枠組みである。この枠組みは雇用政策についてのものだが、加盟国がそれぞれの政策、制度上の独自性を維持しつつ、なおかつ共通の経済政策の実現を図るためのものである。具体的には、欧州理事会が共通の政策ガイドラインを設定し、それに対して各国がその共通目標を実現するための「ナショナル・プラン（Naps/employment）」を発表、欧州委員会と欧州理事会は、共同レポートでそれを評価し、さらに加盟国同士のピア・レビュー（相互審査）もすすめる、というものである。このＥＥＳは、後にＥＵ社会的包摂政策の新しいガバナンスの柱となる「開かれた調整手法（Open Method for Coordination）」の原型を提供するものであった。

このガバナンスの新しいかたちと並んで、社会的包摂政策の内容に関しては、アムステルダム条約に先立って一九九七年に欧州委員会がまとめた「ＥＵにおける社会的保護の現代化と改革」が、社会政策は経済の重荷であるどころか「生産的要素」であり、経済と相乗的に発展できるものであるという視点を打ち出した。なおＥＵにいう社会的保護（Social Protection）というのは広義の概念で、公的扶助のみならず年金や医療なども含む。日本の表現で言えば、社会保障に近いものであることに留意しておきたい。

さらに九九年七月には欧州委員会は、「社会的保護の協調的戦略」と題したコミュニケーションを発表し、働くことが報われる条件をつくり、年金を持続可能なものとし、質の高い高度な医療を実現するなどの多面的な目標を掲げた。この時に、欧州委員会は加盟国の関係各省庁からの委員によって構成される「ハイレベル・グループ」の設置を提案、これを歓迎した欧州理事会によって「社会的保護委員会」がスタートした。

こうした展開のなかで、EUの社会的包摂政策の画期となったのが、二〇〇〇年三月のリスボン欧州理事会で開始されたリスボン戦略であった。この理事会で採択された戦略目標は、ヨーロッパが次の十年で「世界でもっとも競争力があり、ダイナミックな知識経済となり、持続的な経済成長とよりよい雇用、そして優れた社会的な結束（Cohesion）を同時に実現していく」ということであった。そのための政策手段として打ち出されたのが、先にも触れた「開かれた調整手法」であった。これは、雇用政策の領域ですでに導入されていた形式を他の政策領域にまで拡張したものであり、社会的包摂の領域では以下のようなかたちで進行した。

まず社会的保護委員会がEUにおける社会的包摂の共通目標を設定した。その後に閣僚理事会と二〇〇〇年十二月のニース欧州理事会で承認された共通目標は、大きく四つの目標から成っていた。第一に、「雇用参加を促進し、すべての人々が資源、権利、財、サービスにアクセスできるようにする」

ということである。ここで参加が雇用参加と、より一般的な権利主体化という二つの側面で問題とされていることに注目しておきたい。第二に、「排除へのリスクを防止する」ということで、知識社会において情報、教育、住宅、家族の紐帯を維持することが挙げられている。第三に、「もっとも弱い立場の人々を支援する」ということで、貧困、障がい、ジェンダー、地域的事情などで排除されやすい人々や子どもの支援を重視することが挙げられる。そして第四に、「関係する人々すべての動員」であり、排除されている当事者の声を汲み上げ、関係団体の対話を強め、関連する諸政策を社会的包摂という観点から連携させていくことである。

こうした共通目標をふまえつつ、当時の十五の加盟国は、社会的包摂を各国ですすめるため、二〇〇一年から〇三年までの「ナショナル・プラン（Naps/incl）」を策定し、これを二〇〇一年夏に欧州委員会に提出した。各国間のピア・レビューを経て、この各国計画についての「包摂に関する統合レポート」が欧州委員会および閣僚理事会によって承認され、二〇〇一年十二月のラーケンでの欧州理事会において採択、翌二〇〇二年に公表された。また、このラーケンの理事会では各国のパフォーマンスを評価するための政策指標についても承認された。

さらに二〇〇三年には第二ラウンドに入り、各国が再びナショナル・プランを提出、二〇〇四年にはこれも前回同様に「包摂に関する統合レポート」が出された。この手法は、社会的保護の他の領域、すなわち年金や医療・介護についても開始された。年金については二〇〇二年に各国の「戦略レポート」が提出され、これに対して、二〇〇五年に「適切で持続可能な年金に関する統合レポート」がまとめられた。医療・介護については、二〇〇五年に二十五になった加盟国が簡潔な「予備的政策ステートメント」を提出、二〇〇六年には社会的包摂、年金とも併せた「社会的保護と社会的包摂に関する統合レポート」が準備された。

さて、このように展開した「開かれた調整手法」は、各国の社会的排除の闘い、社会的包摂に多様なアプローチがあることを前提にしたものであった。同時に、この「開かれた調整手法」のプロセス自体のなかに、社会的包摂についての異なった視点が組み込まれていたことが指摘されている。

たとえば当初設定された共通目標にも、先にも触れたように、人々をまず就労に導くという視点と、包摂の前提となる権利を保障するという視点が混在していた。こうした違いは「開かれた調整手法」のサイクルごとにも現われた。「包摂に関する統合レポート」を分析したケネス・アームストロングは、二〇〇二年と二〇〇四年のレポートでは、総括の視点が異なっているとしている（*Governing Social Inclusion*）。すなわち、前者においては労働市場へのすべての人々の包摂が権利として打ち出され、社会的支援もより普遍主義的であるのに対して、後者では労働市場政策の対象は就労に「きわめて大きな困難」を抱えた人々とされ、支援についても「もっとも弱い立場の人々」とより対象を絞り込む視点が前面に出ているのである。

さらには、「開かれた調整手法」が各国の政策をどこまで立ち入って評価するか、その度合いについても対立があると言われる。リスボンの欧州理事会では、欧州委員会は二〇一〇年までに児童貧困率を半減させるなど、数値目標を掲げることを提案していた。しかし、ニース欧州理事会で決められた共通目標はこうした数値目標を外したものであった。また最初の「包摂に関する統合レポート」に先だって、欧州委員会は加盟国の取り組みをランクづけしてグループ化したコミュニケーションを採択していたが、これも各国の批判を受けて統合レポートには繋がらなかった。

「開かれた調整手法」は、加盟国の多様性をふまえた新しいガバナンスを目指したものであったが、実はそれ自体のうちに、社会的包摂についての異なったアプローチの対抗がはらまれていたのである。

5　リスボン戦略の再スタート

ＥＵの社会的包摂戦略は二〇〇〇年代半ばから、大きな転機を迎える。まず政策の中身から言えば、リスボン戦略の中間レビューがおこなわれ、その見直しをめぐる議論が拡がったことである。二〇〇四年十一月にはオランダ元首相を座長とするコック委員会が、社会的包摂の実現は経済成長と雇用拡大がもたらすものであるとするレポートを発表した。これを受けて二〇〇五年、バローゾ新委員長のもとで、欧州委員会はリスボン戦略の再スタートを宣言し、リスボン戦略が掲げた経済成長、雇用、社会的結束の三本の柱のうち、経済成長と雇用を優先する態度を打ち出した。背景には、ＥＵ拡大が社会的包摂政策のコストを高めるという懸念もあったとされる。

これに対して、社会的包摂にかかわってきたヨーロッパのＮＧＯから強い反発があった。たとえば欧州反貧困ネットワークは、欧州委員会が大企業の声だけに耳を傾けていると批判した。また社会的保護委員会も、こうした流れが成長や雇用を押し上げる投資としての社会政策固有の役割を軽視しているとした。

一連の批判に加えて、さらに二〇〇五年春には、欧州憲法案がフランスとオランダで否決されるという事態も生じ、加盟国の市民が統合の進展に対する不安を強めていることも示された。こうしたなかで、ルクセンブルクでの欧州理事会は、改めて社会的包摂政策と社会的結束がリスボン戦略の要であることを強調した。

さらに大きな変化は、「開かれた調整手法」をめぐるガバナンスの転換である。前述のように、「開かれた調整手法」は、いくつものサイクルが平行して展開する複雑な仕組みとなっていた。これに対して二〇〇二年にバルセロナの欧州理事会は、多元的な調整プロセスを合理化し、相互に連携させるべきという考え方を打ち出した。これは「開かれた調整手法」の「効率的一体化（Streamlining）」と呼ばれる。その結果、経済政策と雇用政策については、二〇〇五年から各国が両者を一体化したレポートを提出し、二〇〇八年までの三年サイクルでの調整を開始することが決められた。

つづいて二〇〇三年五月に欧州委員会は、社会的包摂、年金、医療・介護という社会的保護の三領域でも、「開かれた調整手法」の効率的一体化をすすめるべきとし、二〇〇八年からは三年サイクルに入ることが決められた。これは、経済政策と雇用政策についてのサイクルと同調させるためであり、ＥＵの「開かれた調整手法」においては、もともとリスボン戦略で挙げられていた経済、雇用、社会的保護という三つの柱をより緊密につないでいくことが目指されたのである。

各国は、社会的保護領域について「戦略レポート」の提出を求められ、二〇〇六年にはその最初のレポートが各国から提出された。これに対して欧州委員会と理事会は、これも三つの領域を包括する「社会的保護と社会的包摂に関する統合レポート」をまとめることになる。

このような効率的一体化がすすむ一方で、再スタートしたリスボン戦略は重要な岐路に立つことになった。一般的に言えば、経済と雇用、あるいは年金や医療・介護とのより緊密な連携が求められるなかで、社会的包摂を経済や雇用の結果に依存する従属変数に格下げしていく圧力も働き続けることになった。

だが、リスボン戦略の再スタートをめぐる変化は必ずしも後ろ向きなものばかりではない。二〇〇六年三月の欧州理事会では、新しいプロセスに対応して、社会的保護の諸領域を架橋する三つの共通目標が設定された。要約すれば①適切な社会的保護体制と社会的包摂政策によって社会的結束、男女平等、すべての人々に対する機会の平等を実現すること、②成長、雇用、社会的結束に加えて持続可能な発展戦略が相互に連携すること、③政策の執行と点検を透明化しすべての関係者が関与することである。

こうした目標に沿いつつ、各国のレポートと達成状況を評価する基準となる政策指標も、ラーケン指標からの発展が図られた。まず、高齢世代の中位所得や所得代替率、健康ニーズの充足度など、三つの領域に跨る総合的な指標がつくられた。経済成長が可処分所得の増大に与えた影響や、就労者の貧困率など、経済成長や雇用の拡大が社会的排除との闘いに実際にどれだけ貢献しているのかを示そうとする指標も盛り込まれた。「社会的保護と社会的包摂に関する統合レポート」も、たとえば二〇〇八年には子どもの貧困率改善のための各国の取り組みをランキング化するなど、これまで避けてきた方法に踏み込むような展開が見られた。しかしながら、二〇〇八年のリーマン・ショックは、こうしたEUの政策展開にも大きな影を落とすことになる。

六　社会的包摂のゆくえ

さまざまな立場が「相乗り」してその具体化に振幅を見せてきた社会的包摂の理念は、リスボン戦略の総括とリーマン・ショックが重なるなかで、さらに新しい展開を迎えた。

「開かれた調整手法」のなかで「統合レポート」が示してきたところによれば、二〇〇一年から〇七年までのEU二十七カ国の平均成長率は二・一%であったにもかかわらず、EU人口の約一六%、八千万人が中位所得の六割に満たない相対的貧困にある。さらにリスボン戦略の再スタートにあたって政策指標に組み込まれた就労者の貧困率も上昇しており、雇用の質にも問題があることが示されていた。ここにリーマン・ショックが引き起こした深刻な経済状況が加わり、危機感が高まった。

こうした現実への関心が高まるなかで、欧州委員会および欧州議会は、既述のように二〇一〇年を

「貧困と社会的排除と闘うヨーロッパ・イヤー」とすることを決めた。社会的排除の現実や基本的人権についての認識を高め、すべての関係団体の連携を強め、各国の取り組みを促すさまざまな活動がおこなわれた。ヨーロッパの市民社会では、ソーシャル・プラットフォーム、欧州環境ビューロー、欧州労連などがスプリング・アライアンスというネットワークを立ち上げ、社会的包摂政策が経済競争力の重視に傾くことへの批判を強めた。

こうしたなかで、二〇一〇年三月、欧州委員会はリスボン戦略以後の次の十年を展望する新しい欧州戦略である「ヨーロッパ二〇二〇」を公表した。「ヨーロッパ二〇二〇」は、「知的（smart）で、持続可能（sustainable）で、包摂的（inclusive）な成長」という目標を掲げた。知的であるとは、知識とイノベーションに依拠した経済であること、持続可能ということはより資源効率的で、環境保護的でかつ競争的であること、そして包摂的とは就業率が高く、経済的・社会的・地域的結束をもたらす経済であること、と定義される。ここには、成長や雇用と社会的包摂を連携させるという、リスボン戦略以来の理念が改めて示されたが、二つの重要な展開があった。

一つは、リスボン戦略と「持続可能な発展戦略」との連携が模索されつつある、ということである。実は、リスボン戦略が採択された翌年のイエテボリにおける欧州理事会において、リスボン戦略が掲げた成長、雇用、社会的結束にさらに環境を加えて、四つの柱で持続可能なＥＵを構想するという視点が打ち出されていた。成長、雇用、社会的包摂に加えて、さらに環境を加えるというのは、一見過剰な目標にも見える。しかし今日、再生可能エネルギーへの転換が、新しい雇用の創出につながっていることを考えると、この第四の目標は、他の三つの目標を連携させる触媒となる可能性もある。

もう一点は、この「ヨーロッパ二〇二〇」が、初めて社会的包摂と貧困削減についての具体的な数値目標を掲げたことである。すなわち、この戦略はCO_2排出量の二割削減などと並んで、二〇二〇年までに二千万人を相対的貧困から脱却させ、二十歳から六十四歳までの就業率を七五%にすること、さらには義務教育の中途退学者を一〇%以内として、若い世代の四割以上に高等教育を修了させることなどを目標として掲げた。とくに八千万の相対的貧困層の四分の一を削減しようという数値目標を掲げたことは大きな意義がある。

EUにおける社会的包摂の具体的な中身については、労働市場への形式的包摂を重視するか、あるいは生活の実質的保障に力点を置くかという緊張関係をはらみ、リスボン戦略からその再スタートへ、さらには「ヨーロッパ二〇二〇」戦略へと、複雑に揺れている。加えて、社会的包摂のための具体的なアプローチについては、各国レジームの経路依存的発展を尊重しつついかにEU全体の価値追求をおこなうかという、新しいガバナンスへの挑戦が続けられている。

冒頭に述べたように、日本でも今日、社会的包摂がキーワードとして浮上している。十五歳から六十四歳までの生産年齢人口の割合が減少し、さらに就業率も低迷している日本が、高齢化に対処し、さらには今次の未曾有の震災被害を乗り越えるためには、老若男女を問わず、一人でも多くの人々が社会参加を果たし生活形成できる条件が求められる。だからこそ今の日本が、社会的包摂をめぐるEUの二十年の苦闘から汲み取るべきことは多い。

〔参考文献〕

宮本太郎『生活保障　排除しない社会へ』岩波新書、二〇〇九年

浜口桂一郎『ＥＵ労働法の形成——欧州社会モデルに未来はあるか？』日本労働研究機構、一九九八年

ルネ・クーペルス、ヨハネス・カンデル編『ＥＵ時代の到来——ヨーロッパ・福祉社会・社会民主主義』田中浩・柴田寿子監訳、未來社、二〇〇九年

Eric Marlier, A. B. Atkinson, *Bea Cantillon and Brian Nolan, The EU and Social Inclusion: Facing the Challenges*, The Policy Press, 2007.

Kenneth A. Armstrong, *Governing Social Inclusion: Europeanization through Policy Coordination*, Oxford University Press, 2010.

欧州連合の歩む遠い道——そのシンボルの光と影

大木雅夫

1　ヨーロッパ一家の夢

前世紀二度にわたる世界大戦の終結後にも、戦場だったヨーロッパは、いまなおその地殻の響きを地上に伝えている。地上に「ヨーロッパの家」(Europäisches Haus) の夢よ再びという地鳴りの響きである。それはかつて夢見て、折々に築かれてきたような家ではない。かつての家は、外観はともあれ、おびただしい人柱の上に血と肉を固めて建てられた家であった。ローマ帝国は、武力に知力を加えて何世紀にもわたり地中海沿岸から中部・西部ヨーロッパまでも支配した。シャルルマーニュの大帝国は、八世紀から九世紀にかけて五回三十年にわたる戦争によって築かれた。十九世紀初年から十五年余り続いたナポレオン戦争は、革命防衛戦争からたちまちにしてヨーロッパ内部の侵略戦争に変質した。ただこの戦争においては、軍旗の後ろに必ずナポレオン法典、すなわちローマ法とゲルマン法との混血による卓越した法典が積み込まれており、征服した国に強制的に押し付けられ、あるいは自発的に継受されたので、近代的なヨーロッパ一家の設計と建設に大いに役立ったとはいえる。しかし哲学や文学や宗教そして思想一般にわたる文化的アイデンティティは、その社会のエリートたちの所産であり、それがヨーロッパの民衆に一挙に浸透して、そのままただちにヨーロッパの社会的および政治的アイデンティティを生み出せるわけではない。「ローマは一日にして成らず」は、いまも真理である。要するにかつてのヨーロッパ一家が兄弟喧嘩にも似た骨肉相閲ぎ合う戦争（Europäische Bruderkriege）を繰り返して建てられたことを忘れては、夢とファンタジーに満ちた真夏の夜の夢と化するであろう。

ヨーロッパの諸国内に石炭王や鉄鋼王を居座らせておけば戦争は不可避と見る経済的な、そして政治的な動機に促されたとはいえ、人間が正気を取り戻し、相愛し合って「ヨーロッパの家」の新築を開始したのは、やっと半世紀あまり前のことである。そしていまはヨーロッパから見て地球の裏側にも「アジア共同体」といういつか聞いた言葉を語る人々すら現われている。しかし危険である。中国をはじめとする一衣帯水の国々と強固な連帯関係を築くことは必要であり、可能であると確信する。しかしバルセロナの教会サグラダ・ファミリアは着工以来百三十年になろうというのに未完成であり「ヨーロッパの家」が五十余年をかけてなお建築中であることを直視すれば、東海の波高しの感が深い。模倣を悪とばかりはいわないが、鹿鳴館の舞踏を見てイギリスの特派員が本国に送った通信文を読んでも赤面しなければ、日本人は鈍感といわれても仕方がないではないか。他方において日本人はいま、EUの何をか知るであろうか。日本の研究者はいま、「原書」を携えている。単なる「外国書」

を原書と称して跪拝するのは、時として前車の轍を踏んで悦に入るようなものである。ＥＵ研究は加盟諸国の文献に頼らざるをえないので、これを渉猟し、思索し、本稿を「手で書く」（統合の精神的支柱ドニ・ド・ルージュモンのことば）ことにしよう。

ヨーロッパの学者はいま、統合の現況をどのように認識し、何をなすべきことと考えているのであろうか。まずそれを聴こう。その指摘によれば、ＥＵにおける民衆は、加盟国の正確な名も知らず、ブリュッセルにあるその最高機関、すなわち「委員会」のメンバーが政治家ではなく、テクノクラートだということすら知らない。「ヨーロッパ」そのものがそこに生きる民衆によって想像以上に無視されているのだから、まず民衆がヨーロッパを凝視し、それを正しく知らなければならないと説く。次にＥＵとその組織は、加盟諸国と共存する超国家的政治共同体として「発明」されたものであり、極論すれば憲法発布と共に一日にしてできあがった単一国家とは異なり、管轄権や行政分野は連続的に拡大し続け、しかも提起される問題は複雑怪奇であるから、ＥＵ側は常に関係加盟国の政策を念頭に置いてそれを解決しなければならない。それゆえ特に周到な探究が必要だという。しかも第三には、探究して知るだけでは足りず、おびただしい情報量の前でマスコミの誤報や報道漏れ、あるいは論者における夢と現実の短絡も避け難いし、事実探究の道は曲折に富んでいる。この道を遮二無二疾駆することは危険である。それゆえにまず「ヨーロッパはどこへ行くのか」を見極め、市民にはそれを報せなければならない。ヨーロッパに生きる市民には、それを知る権利があるからだと語る。そして最後に、ヨーロッパはかつてのモンロー主義まがいの独立独歩が許されるわけもなく、常に外界の出来事に巻き込まれているのだから、問題処理の方法を吟味し、確かな証拠を固め、粗雑な判断や誤認を避けるためには信頼できる事実の確認と評価が欠かせないともいう。ここに挙げた四点は、EU内部に住むヨーロッパの学者が自らに課した心構えである。そうなればこそ亜欧大陸の東端に生きるわが国の学者・研究者に課せられた課題は、計り知れない重みがある。この重荷を負って遠い道を行こうとするならば、老若多数の研究者が同行しなければなるまい。それを知り、探究し、報せ、そして評価することには膨大なエネルギーの投入を覚悟しなければならないからである。

2　ヨーロッパのシンボル喪失？

平和が鳩によって、日本国民の統合が天皇によって象徴されるように、抽象的な観念は具体的な事物によってわかりやすく表現される。二〇〇四年に署名されたEUの憲法条約第一条―八は、EUをシンボライズするものとして連合旗と連合歌と「多様性の中での統一」（Unie dans la diversité）というスローガンと通貨ユーロおよび連合記念日の五月九日を挙げていた。しかしこの条文の規定そのものは、二〇〇七年にドイツで刊行された最も権威あるコメンタールにおいてはすでに削除されており、単に「コメントせず」（nicht kommentiert）と記されているだけであった。この二文字は、およそコメンタールには最もふさわしくない言葉ではないか。そもそもこの憲法条約は、全加盟国によって批准されるのでなければ発効しないことになっており、実はすでに二〇〇五年にフランスとオランダが国民投票によって批准を拒否していたのである。それにしてもEUのシンボル喪失というのであれば、ヨーロッパ一家は激震に遭遇したにも等しいではないか。

ここでただちにEUの将来を予言するのは尚早である。むしろそれらのシンボルがなぜ選ばれ、そしてそれが捨てられたのか、それとも消え去っているだけなのかを解明する必要がある。ここにおいても、知り、探究し、報せ、そしてこれを評価する義務がある。しかもその義務は、未来に起点を置く新しい歴史観から生まれるものである。それゆえここでは歴史観の問題に一言ふれておこう。歴史主義の曙に、ゲーテは「どこへ行くのか誰が知ろう。どこから来たのかすらわからないのだ」と語った。その時代の最盛期にランケは、「歴史とはそれが本来どうあったかを単に記述するだけ」と宣言した。危機と混迷の二十世紀ともなれば、オルテガ・イ・ガセットは「歴史は未来を予言することにおいてのみ、科学でありうる」と語り、レジスタンスの闘士マルク・ブロックは「現代から遡る歴史」を提唱した。そして二〇〇九年六月にボンで開かれた連邦文化政策学会の基調講演では、「歴史は記憶を必要とする」のみならず「歴史は未来を必要とする」とまで宣言されたのである。すると一度はヨーロッパの未来を目指して宣言されたシンボルは、甦らせて検証されざるをえないのではないか。歴史の起点は、現在どころか未来にあるともいえそうである。このような観点から、しばらくはEUのシンボルを凝視しよう。しかしここでは、第一条―八に掲げるシンボルのすべてをみる必要はない。「ヨーロッパの日」はヨーロッパ石炭鉄鋼共同体発足の一年前になされたシューマン演説の日を記念したものである。ヨーロッパ統合の意味をかみしめる休日として設けるのは無意味ではないが、世界最古といわれるボローニャ大学や、ほぼ同時代に創立されたパリ大学のような由緒ある大学に創立記念日はないし、建国記念日をもつ国は大体において新興国であることを思い起こせば足りる。また、ユーロは現在の世界に通用する通貨であり、ここでは立ち入る必要はない。おそらくはその関連で、ヨーロッパ旅券やヨーロッパ切手などが挙げられることもあるが、特に言及するまでもあるまい。ここでは、連合旗と連合歌と「多様性の中での統一」のモットーを取り上げるにとどめよう。

（1）まず連合旗を見よう。連合旗構想の発端に、汎ヨーロッパ運動の指導者クーデンホーフ＝カレルギーがその運動を具象化するために一九二三年に考案した旗印があった。十字軍を思わせる赤色の十字架とその背景に輝く金色の太陽は、日本人を母とするこのオーストリア伯爵の遠い過去の追憶とヨーロッパ文明の放射的な、そして極東にも及ぶ波及の誇りがあった。その後一九四九年にチャーチルの指導下に「ヨーロッパ審議会」(Europarat, Council of Europe) が設立され、これがヨーロッパ統合を目指す組織であることを知らせる手段として正式に旗の図柄を募集し、選考に入った。その際に、たとえばトルコは十字架を消せと主張し、ドイツは十五個の金色の星が当時の加盟国数に一致するにしても、今後の加盟国数の増加を考えれば十二個にせよと主張した。十二という数は一ダース、すなわちそれ自体完成を意味する抽象的な数字であり、加盟国の実数よりも加盟国間の団結を象徴化する方が重要だと見てのことである。生地の青色は、この色がヨーロッパの色とみなされていたからである。この連合旗が公式に掲げられたのは、一九八五年六月二十九日、ブリュッセルにおいてであるが、民衆はその一年前に採用決定があった時点で使い始めていた。それは明快、単純、調和、独創というシンボルとしての条件をすべて満たしているとみられ、その決定とほぼ同時にまずは民衆がその旗を振り始めたのである。にわか仕立ての錦の御旗などとは違う。ちなみにこの錦の御旗は、薩長の知者の独創ではない。すでに鎌倉時代から朝敵征伐の旗だったことを思い出して、討幕軍が自ら官軍としての正統性と示威の目的で掲げたのである。ともあれ旗印が共通の目的のもとにある組織の結束に有効であることは、多言するまでもないであろう。

（２）次に連合歌を見よう。旗と同様に、あるいはそれ以上に、歌はシンボルとして訴える力がある。シラーの「歓喜の歌」は、これもすでに一九二九年にはクーデンホーフ＝カレルギーが自ら提唱する欧州合衆国の曲として注目していたものである。ベートーヴェンがシラーのこの詩に触発され、六年の歳月をかけて作曲し、一八二四年ウィーンで初演された第九交響曲の掉尾を飾ったのがこの歌である。ようやく一九七二年に加盟各国の国歌と並ぶものとしてまずはヨーロッパ審議会が公式にこれを採用し、その後ヨーロッパ共同体の公式行事などで歌われることになった。早くからドイツ人の心を捉えたこの歓喜の歌は、ヨーロッパの民衆を勇気づけ、そして遙かアジアに生きる我々自身が若き日にも老いたる身にもこれを歌い、夢と希望を膨らませてきた歌ではなかったか。しかしこれは日本人の思いであって、ヨーロッパ諸国民には通用しないとでもいうのだろうか。澄んだ眼によらず鋭い目つきでその歌詞の内容を吟味すれば、確かに歓喜の歌は、「すべての人間が兄弟になる」とか「抱きあえ、幾百万もの人々よ」というのであるから、全人類に普遍的で抽象的な理想であり、その意味ではヨーロッパ的とすらいえないであろう。それどころか鋭い眼は、しばしば一点を凝視する嫌いがある。歌詞だけからすれば特殊ヨーロッパ的ではないし、作詞作曲のいずれもがドイツ人であっても特殊ドイツ的とばかりはいえないであろう。仮にもしこの歌が文化的一体感を高めるといえても、政治的統一体の賛歌とはなりえないといえるかもしれない。

澄んだ眼ならば、視野は広い。もちろんこの眼をもってしてもヨーロッパ諸国がそれぞれの国歌を歌っていることは動かせない。しかし広く状況に対応する目配りの良さがある。確かに歓喜の歌をEU賛歌とすることに抵抗したのはサッチャーをはじめとするイギリスの保守派であり、彼らは「美しき神のきらめく火花よ」よりも「神よ、我らの女王を守りたまえ」を歌ったのである。しかし女王讃美の国歌を歌わないなら愛国心がないと声高に叫ぶ人がこの国にいただろうか。そのイギリスでは、この厳粛な国歌とは別に、エルガー作曲の行進曲「威風堂々」が第二国歌として演奏されている。この点はイタリアも同様である。妻子を失って悲嘆のどん底に陥り、作曲すらできなくなっていた大作曲家ヴェルディは、歌劇ナブッコの台本を見て感動し、勇気を奮い起して、「行け、わが思いよ、黄金の翼に乗って」を作曲した。この歌は「ヘブライ人奴隷の合唱」と称せられているが、人種貴賤を問わずイタリア国民の愛国心を奮い立たせ、なんらの強制もなく第二国歌として愛唱されている。大国民の英知あるいは度量とでもいうべきか。また近時、チリ落盤事故から三十三名が奇跡的に救出されたとき、現場ではチリ国歌の斉唱が沸き起こり、しかもそのときは世界中の少なからぬ人々が感動の涙を浮かべたであろう。その歌声に迸る愛国心を感じ取ったのは、チリ一国民だけではあるまい。

人類としての普遍的な至福の思いに駆り立てられたのではなかろうか。他方においては、ドイツ人のように愛国心はあっても「世界に冠たるドイツ」で始まる国歌の一番と女性蔑視を感知させる二番を省き、三番だけを歌う国もある。作詞者はホフマン・フォン・ファラスレーベンであり、一番の省略は連合国の命令による。二番では、「ドイツの女性（Frauen）とその貞潔、ワインと歌」が誇らかに歌われていたが、元来「酒と女と歌（Wein, Weib und Gesang）」を讃える民謡を愛唱してきたドイツ人は、女を女性と言い換える程度のことで女性蔑視の意識が払拭されるなどとは思いもよらぬことだったのである。作曲者はハイドンであり、いまなおドイツでも日本でも歌詞は異なるが讃美歌として歌われている。ちなみにわが国の国歌は、古今和歌集の詠み人しらずの和歌の改作であり、その最初の五文字「わが君は」を「君が代は」と入れ替えただけである。前者の君は夫でも妻でも愛する人なら誰でもよいことになってしまうので、後者の君は天皇制国家の上御一人とせざるを得なかったのである。その曲はドイツの軍楽隊教師エッケルトを急遽雇い入れ、その協力のもとに作曲されたものである。それにしても「歓喜の歌」は普遍人類的であってヨーロッパ的でないという議論を克服できないでいる状況のただなかに、EUが超国家的組織にまで発展するのか、それとも主権国家が牢固として維持されるのかという問題が居座っているのである。

（3）EU賛歌の問題とも関連して、EUのスローガン「多様性の中での統一」が問題になる。ヨーロッパ統合がその緒に就いた当時、これは「多様性における統一性」（Einheit in der Vielheit, Unité dans la diversité）といわれていたものであるが、憲法条約では「多様性の中で統一された」（Vereint in der

Vielheit, Unie dans la diversité）となっている。このような書き替えがなされるまでは、一般に多様性から統一性を創出しようというい わば前進突撃の思想が見え隠れしていた。この思想は、すでに欧州統合の最初から存在していたものであり、ローマ条約の前文には、「ヨーロッパ諸国民間におけるますます緊密化する連合の基礎を確立しよう」という加盟諸国の決意が明記されている。これは当然に加盟国間における共通政策の策定に連なり、次第に共通な文化と自己同一性ないし特自性の形成を経て、ヨーロッパ市場の完成と広域的ヨーロッパ社会の夢は実現に近づけるものと信じられていたのである。それにしても憲法条約においては、「多様性の中で統一された」という微妙な、しかし本質的な書き替えがなされた。そしてそれは各加盟国の相違を残しての統一と変わったものと解されている。それは天才ルソーの描く人間の最も理想的な連合の形態、すなわち「アソシアシオン」（association）を想起させるではないか。ＥＵ五億の民がそれぞれ自分自身の顔を上げ、そして誰しもその手は固く握り合っているという結合の形態である。かつてこのような結合形態があまねく確立していれば、ヒトラーやスターリンの笛に踊らされることはなかったであろう。

シンボルに多少深入りしているのは、これこそヨーロッパ統合の行方を示す道標と見られうるからである。未来を起点として過去に遡る歴史ならば、一度掲げたシンボルの帰趨こそ、統合の現状を具体的に把握させる。しかしそのシンボルは、憲法条約の流産と運命を共にしたのでもあろうか。

（4）シンボルの後退と外交の関係についても見ていこう。統合への道標を引き抜いたかにみえる立役者の一人にサッチャーがいた。彼女の発言はしばしば「ノー、ノー、ノー」の連発をもって開始され、「鉄の女」の異名をとった。しかしそれは「イエス、ウィ・キャン」を頻発して自己の主張を印象づける手法の裏返しではないか。サッチャーはド・ゴール以上に国家主権に固執したが、ヨーロッパの共同体形成に反対などしていない。たとえば一九八〇年にイギリスはヨーロッパの予算に二〇・五％の寄与をしながら、その一〇％しか戻らなかったので、「われわれの金を返せ」と叫んだ。それはイギリス病という重篤な病から立ち直るための当然の要求であり、論点と論拠を明確にしたうえでの発言であった。外交には「理」がなければならない。彼女は統合ヨーロッパからは孤立して政権を去った。しかし「鉄の女」というのは俗論であり、見識も努力もなければ、イギリス史上初めての首相三選を果たし、在任十年余を勤め上げることはなかったであろう。

サッチャーを語るとき、ポーツマス講和会議の立役者ウィッテをも語りたい抗しがたい衝動を覚え、また外交なるものを考えざるをえない。大敗した大ロシヤ帝国の栄光のために、誰もが嫌がる全権代表を引き受けて渡米。ニューヨークでは財界を牛耳るユダヤ人街を訪れ、また、時の大統領ルーズヴェルトの母校ボストン大学では教授たちと歓談した。新聞記者とは気軽に握手し、送迎の列車から降りれば運転手の手を握って労をねぎらった。自らの行動を「我ながらおかしくなる……」とウィッテは日記に書いた。豪華なホテルに泊まり、窓から大ロシヤ帝国の国旗を掲げた。外交には「策」が必要である。談判の場でウィッテは堂々の論陣を張り、相対する小村寿太郎は胃と肝臓を痛めた。

軟弱外交と誇られた幣原喜重郎も登場させよう。ワシントン軍縮会議の全権代表加藤友三郎提督に背広服を着て行けと助言した。加藤は沿道の市民たちの歓呼にこたえて帽子を振り、チャーミング・

アドミラルの愛称を得た。外交の目的は、国際的紛争の平和的解決による「国益」の確保にあり、党利党略による議政壇上の獅子吼にあるのではない。なお権力分立の本質は、三権間の縄張りを守れという子供向けの教えではない。三権の間で互いに抑制し均衡を図って協力せよという大人向けの原則であることを付け加えて本筋に戻ろう。

憲法条約に掲げられたEUのシンボルに対して激しい攻撃の火ぶたを切ったのは、サッチャーである。そして彼女を支えたのは、イギリスにおけるヨーロッパ懐疑論者（eurosceptique）たちであり、その背後には、イギリス全人口の二五%前後にも及ぶヨーロッパ恐怖症（europhobie）の人々もいた。しかもここで忘れるべきでないことの一つは、憲法条約そのものがフランスやオランダの批准拒否によって流産してしまったことである。加盟国のうち一国でも批准しなければこの条約は発効しないことになっていたからである。そしてその二つ目には、それにもかかわらずそこに掲げられていたシンボルは形を変えて生き延びているということである。二〇〇七年十二月七日にドイツ、オーストリア、ベルギー、ブルガリア、キプロス、スペイン、ギリシャ、ハンガリー、イタリア、リトアニア、ルクセンブルク、マルタ、ポルトガル、ルーマニア、スロヴェニア、スロヴァキアの十六カ国がシンボル取り下げの決定に反対する共同声明を発した。そして二〇〇七年十二月十三日に調印されたリスボン条約には全体でABC三部六十五項目にも及ぶ宣言が付せられているが、その「C─加盟国による宣言」第五十二においては、憲法条約が掲げた五つのシンボルが前掲十六カ国にとって、「欧州同盟における人々の共同体意識および欧州同盟に対する忠誠の象徴であり続けることを宣言する」と明記されている。ＥＵそのものの本質にかかわるシンボルを条約自体は削除したというのに、加盟二十七カ国の過半数が削除された規定を守る旨を宣言したこと――そこにＥＵの組織形態、そして加盟諸国間における独特な結合ぶりを見るであろう。そこでは加盟諸国の主権を全否定する超国家的統合は、いかにも無理なのである。統合の道を前進するには、国歌や国旗が果たした国民の団結と勇気ないし愛国心のアナロジーを欧州連合にあてはめることはできない。いまや多様の中から統一を創成するのではなくて、多様性すなわち加盟諸国間における相違の維持に重点を置いた統一性の探求へと軌道修正をしなければならなかった。また憲法条約にある「憲法」の語は主権国家の基本法を意味するとして削除し、二〇〇七年の条約は単に署名地の名により「リスボン条約」とした。また憲法条約にあったＥＵ外相の語も、連邦の外交を一手に握るとの印象を与えるとみて、「ＥＵ外務安全保障政策上級代表」の語に変更した。いじましい努力とはいえまい。先に挙げた問いの繰り返しながら、ＥＵは主権国家として存在する加盟諸国の上位にあって、どの程度まで超国家的政体として発展するのかという問題がいまだ解決されてはいないのである。

3　テクノクラシー対デモクラシー

前世紀半ば以来、ヨーロッパ統合に関する条約は何度も締結されてきたが、デモクラシーの語が登場するのは、ようやく一九八六年の単一議定書においてである。その前文第三節には、「加盟諸国の憲法と法律において認められた基本権に基礎を置くデモクラシーを共に推し進めようと決意した」旨の宣言がある。デモクラシーの出番の遅さには、理由があった。ヨーロッパの統合は、経済的・政治的再建に始まった。民主主義の旗を振りまわしているよりも、統合の一歩を踏み出し、歩きながら考えることが必要であった。その卓越した先導者ジャン・モネはいう。「これまで私は、ヨーロッパが政治的一大変革によって良き日を生み出せるなどとは思ってもみなかったし、また私は、諸国民に対して彼ら自身が具体的に経験をしたわけでもないこの共同体の形態について意見を求めることから始めなければならないなどとは思ってもみなかった。」これがいわゆる「モネ方式」(méthode Monet)であり、モネは一九五〇年代におけるヨーロッパ共同体形成に際してテクノクラシーと機能主義の併用を武器としてヨーロッパ再建の大事業に臨んだ。無論デモクラシーの全否定などしてはいない。「必要な最高権力を付与された民主的な共同の機関によって管理される最も広範な共通利益をヨーロッパの人々のあいだに漸進的に創出すること」と語る。共同の民主的最高機関の設置が先で、旗振りは民主主義の旗であっても児戯に似ていると考えたのでもあろうか。彼もまた、漕ぎつけるべき対岸の浜辺に民主主義的理想郷を見ていたであろう。その船乗りは、加盟諸国間の利害の荒波に揉まれて力漕するテクノクラートでなければならなかった。モネは生まれも育ちもコニャック商人であった。アメリカで商えばアメリカ人の、ロンドンに行けばイギリス人の思考方法を身に付けて世界的視野をもつ練達の政治家となっていた。先には国際連盟の事務次長を務め、のちに「ヨーロッパ統合の父」と謳われ、最初の「ヨーロッパ名誉市民」の称号を与えられた。彼の明敏な頭脳は、そもそも選挙目当てに議場で大見得を切るだけの政治家のそれとは質が違う。ヨーロッパ愛も祖国愛も、その愛を惜しみなく与えたのはモネその人であり、政治家を最も高貴な職業とフランシス・ベーコンはいったが、モネこそ最もそれに値する人物だったのではないかと思う。

それにもかかわらずテクノクラシーの舞台には、デモクラシーの幕が次第に垂れ下がってきた。ヨーロッパ統合の情熱は、一九九〇年代から二〇〇〇年代初頭にかけて冷めてきた。欧州恐怖症患者数は全加盟国で一〇％から一七％に及び、二〇〇七年にいったん一三％となったが、患者数のザ・トップ・スリー、すなわちイギリス、オーストリアおよびフィンランドについていえば、二一％から二八％にまで及んでいる。恐怖症の先駆症状としての欧州懐疑論（Euroscepticisme）という言葉は、すでに一九八〇年代には用いられていたといわれる。

この病的症状とは別に、一九五八年に六カ国で発足した共同体は世紀末に十五カ国に達していたが、二〇〇四年には東欧圏の十カ国、その三年後にさらに二国が加盟して、ＥＵ加盟国はついに二十七カ国に達した。冷戦における一方の陣営、すなわち東欧諸国民の側から見れば、他方の陣営に組み入れられたとしてもヨーロッパ帰還の意識があったであろう。しかし廃墟の中から繁栄を築いた西欧側にすれば、いっそう複雑な心境をもってこれら多数の「労働力」を迎え、新たな「市場」や「生産拠点」の場を東欧諸国に求めたことであろう。新規加盟国の半数以上が独立と主権をかちとり、民主主義の旗を振り始めて日も浅い国々である。ＥＵ側が過去半世紀以上もかけて獲得し積み上げてきた豊かな知識と経験、いわゆる「共同体の獲得物」(aquis communautaire) は受け入れてもらわなければならないるまい。とりわけデモクラシーの旗印は共に振らなければならなくなったであろう。欧州統合のかなり早い時期から挙げられていた民主主義の機能不全の声は、いっそう高まってきた。それにしても民主主義とは何か。これは法学や政治学の分野だけの問いではない。デモクラシーの語は、英語やフランス語の辞書には通常単数形しか出ていないが、ドイツ語では明らかに複数形があり、辞書にもそれは出ている (Demokratien)。そして「比較の中の民主主義」という類いの文献は汗牛充棟の状況である。いまやEU研究の一大分野は比較民主主義について開拓されるかとも思う。しかしその研究や論争に明け暮れていては、EUの未来は混迷の巷と化する恐れがある。テクノクラートの活動の場はなおも広く残されており、それどころか彼らの開拓的活動の場はますます広がっていくものと思われる。

4 多様性の直視——ヨーロッパはいずこへ?

この小論は、いまだ何か明確なテーゼを打ち出せるまでには至っていない。むしろ方向づけの問題を提起しておこう。ある機会に法社会学者が「比較法学は類似を強調しすぎる。もっと相違を見るべきだ」と主張し、比較法学者は「類似を見出さなければ統一法も共通法も、ましてや世界法など生み出せないではないか」と反論した。比較法の徒はいま思う。比較とは本来、異同の確認である。類似か相違か、あれかこれか、イエスかノーかという問い方はしない。それぞれの前に「どの程度まで」類似しているのか、相違しているのかという問題を立てる。A or B ではなく、A and/or B という相対的な考えが基礎にある。しかも具体的状況を見れば、いまEUが超国家形成の見かけを極力抑え、連邦どころか連合から連帯の語までちらつかせているのであれば、その状況に合わせて高貴な政治的判断が求められているのである。かつて地中海をローマ人は「我らの海」(mare nostrum) と呼び、ムッソリーニは、ヒトラーのいう「生存圏」(Lebensraum) を真似してその語を使った。しかしEUはヨーロッパ帝国を前提とする「我らの海」すなわちEUの生命線などと称して地中海南岸の諸国を排除するようなことはしない。たとえばモロッコを「第一の友」としたら、インドや中国そして北米経済機構との交流の拠点になりうることを知っている。しかしそれはトルコ同様のイスラム教国である。二〇〇六年にEU圏への移住を登録したトルコ人は二百三十万人、モロッコ人は百七十万人にまで達し、それが多くの外国人恐怖症やイスラム恐怖症を生み出している。またたとえば性差別の問題にも相違がある。一例のみ挙げれば、同性婚についてオランダ、スウェーデン、デンマークでは人口の八〇%以上がそれを許容するが、ルーマニア、ラトヴィア、キプロスでは八六%がそれを拒否する。EUはいまや共同市場を完成したにしても、「ヨーロッパ社会」形成の目途が立たなければ連邦など望むべくもない。ヨーロピアン・アイデンティティは確実に存在し、ナショナル・アイデンティティもまた現実にある。いまEUは多様性を残しての統一を望んでいるのだから、その道は越すに越されぬ急峻な坂道である。その坂の上にたなびく雲を輝かせるためには、デモクラシーの光もテクノクラシーの光もなければなるまい。いまはイエス・オア・ノーと迫るよりも、イエス・アンド／オア・ノーの思考方法を学ぶべきときではないかと思う。

追記

神学者フォン・ハルナックは脚注を「宝庫」と呼び、詳密な「ドイツ式注記法」はドイツの学問の急展開を助長した。しかし本稿はリレー式に小冊子に連載され、付注の余地はなかった。本稿の主題を触発したのはH. Jankowski et al., Europa 2010 – Das Ende der Solidarität?, 2010 所収の「ヨーロッパとその未来」と題するフューエックの論文であり、また、本文中で民衆のＥＵ観を語る学者とは、Dehousse, Deloche-Gaudez, Duamel であり、その共著 *Élargissement – Comment l'Europe s'adapte*, 2006, p. 13 et s. からの引用を含んでいる。

なお本論文において、フランスの文献が多く引用された理由として、Dictionnaire historique de l'Europe unie をはじめＥＵの批判的事典や法文化事典の相次ぐ出版に接し、十八世紀後半以降のフランスの思想と学問の発展に絶大な寄与をなした百科全書家に想いを馳せながら、これらの事典を座右において常に参照したことをここに付記する。

［参考文献］

大木雅夫『日本人の法観念――西洋的法観念との比較』東京大学出版会、一九八九年
大木雅夫『比較法講義』東京大学出版会、一九九二年

松尾秀哉（まつお・ひでや）
1965 年愛知県生まれ。東京大学大学院総合文化研究科博士課程修了。現在、聖学院大学政治経済学部准教授。ヨーロッパ政治、比較政治学専攻。著書に『ベルギー分裂危機――その政治的起源』（明石書店、2010 年）、共著に『模索する政治』（ナカニシヤ出版、2011 年）ほか。

穴見 明（あなみ・あきら）
1954 年東京都生まれ。名古屋大学大学院法学研究科後期博士課程単位取得。現在、大東文化大学法学部教授。政治学・行政学専攻。著書に『スウェーデンの構造改革』（未來社、2010 年）。訳書にグスタフソン『スウェーデンの地方自治』（早稲田大学出版部、2000 年）クーペルス、カンデル編『ＥＵ時代の到来』（共訳、未來社、2009 年）ほか。

岡本和彦（おかもと・かずひこ）
1966 年大分県生まれ。一橋大学大学院社会学研究科博士後期課程単位修得退学。現在、東京成徳大学人文学部国際言語文化学科准教授。国際関係史専攻。共著に『スペイン内戦とガルシア・ロルカ』（南雲堂フェニックス、2007 年）『差異のデモクラシー』（日本経済評論社、2010 年）ほか。共訳書にＨ・クレアほか『アメリカ共産党とコミンテルン――地下活動の記録』（五月書房、2000 年）ほか。

グレン・Ｄ・フック（Glenn・D・Hook）
1949 年イギリス生まれ。英シェフィールド大学教授。国際関係論。日本語で書かれた著書に『軍事化から非軍事化へ――平和研究の視座に立って』（御茶の水書房、1986 年）『アジア太平洋の地域秩序と安全保障』（共著、ミネルヴァ書房、1999 年）『現代日本企業（全 3 巻）』（編著、有斐閣、2005-06 年）ほか。

宮本太郎（みやもと・たろう）
1958 年東京都生まれ。中央大学大学院法学研究科博士課程修了、政治学博士。現在、北海道大学大学院法学研究科教授。比較政治学、福祉政策論専攻。社会保障改革に関する有識者検討会座長、新成長戦略実現会議委員、男女共同参画会議議員など務める。著書に『生活保障　排除しない社会へ』（岩波新書）『福祉国家という戦略　スウェーデンモデルの政治経済学』（法律文化社）『福祉政治　日本の生活保障とデモクラシー』（有斐閣）ほか。

大木雅夫（おおき・まさお）
1931 年福島県生まれ。東京大学法学部卒、東京大学大学院社会科学研究科基礎法学専門課程博士課程修了、法学博士。現在、聖学院大学大学院特任教授、上智大学名誉教授。比較法専攻。著書に『日本人の法観念――西洋的法観念との比較』（東京大学出版会、1989 年）『比較法講義』（東京大学出版会、1992 年）『資本主義法と社会主義法』（有斐閣、1992 年）『異文化の法律家』（有信堂高文社、1992 年）『比較法』（北京法律出版社、1998 年）ほか。

執筆者略歴

田中　浩（たなか・ひろし）
1926年佐賀県生まれ。東京文理科大学哲学科卒。現在、聖学院大学大学院教授、一橋大学名誉教授。政治思想史専攻。著書に『長谷川如是閑研究序説』（未來社、1989年）『カール・シュミット』（未來社、1992年）『〔改訂増補版〕ホッブズ研究序説』（御茶の水書房、1994年）『戦後世界政治史』（講談社学術文庫、1999年）『〔新版〕国家と個人』（岩波書店、2008年）ほか。共訳書にシュミット『政治的なものの概念』（未來社、1970年）クーペルス、カンデル編『EU時代の到来』（未來社、2009年）グリーン『イギリス革命講義』（未來社、2011年）ほか。

田中拓道（たなか・たくじ）
1971年兵庫県生まれ。北海道大学大学院法学研究科博士後期課程単位取得退学、法学博士（北海道大学）。現在、一橋大学大学院社会学研究科准教授。政治理論専攻。著書に『貧困と共和国』（人文書院、2006年）、共著に『模索する政治』（ナカニシヤ出版、2011年）ほか。

中村健吾（なかむら・けんご）
1963年福岡県生まれ。神戸大学大学院文化学研究科博士課程修了。現在、大阪市立大学大学院経済学研究科教授。社会思想史専攻。著書に『欧米のホームレス問題（上・下）』（共編著、法律文化社、2003-04年）『欧州統合と近代国家の変容』（昭和堂、2005年）『古典から読み解く社会思想史』（編著、ミネルヴァ書房、2009年）ほか。

上原史子（うえはらふみこ）
東京都生まれ。成蹊大学大学院法学政治学研究科博士前期課程修了。現在、成蹊大学・東京女子大学・中央大学兼任講師。ヨーロッパ外交安全保障、国際政治専攻。共著に『地球社会の変容とガバナンス』（中央大学出版部、2010年）『国際政治学入門』（ミネルヴァ書房、2009年）。

鈴木弘貴（すずき・ひろたか）
1961年愛知県生まれ。東京大学人文社会系研究科社会文化研究専攻後期博士課程単位修得。現在、十文字学園女子大学人間生活学部教授。国際マスコミュニケーション、グローバルジャーナリズム専攻。共著に『現代ジャーナリズムを学ぶ人のために』（世界思想社、2004年）『テレビニュースの解剖学』（新曜社、2008年）ほか。

廣瀬真理子（ひろせ・まりこ）
1954年東京都生まれ。日本女子大学大学院文学研究科博士前期課程修了。現在、東海大学教養学部教授。社会保障法政策専攻。共著に『オランダの社会福祉』（全国社会福祉協議会、1989年）『国際化時代の福祉課題と展望』（一粒社、1992年）『グローバル化のなかの福祉社会』（ミネルヴァ書房、2009年）ほか。

現代世界――その思想と歴史③

ＥＵを考える

発行――――二〇一一年九月十五日　初版第一刷発行

定価――――（本体二四〇〇円＋税）

編　者――田中浩

発行者――西谷能英

発行所――株式会社　未來社
〒112-0002 東京都文京区小石川三―七―二
電話〇三―三八一四―五五二一
http://www.miraisha.co.jp/
Email: info@miraisha.co.jp
振替〇〇一七〇―三―八七三八五
印刷・製本――萩原印刷

ISBN 978-4-624-30116-3 C3030

（消費税別）

田中浩編
思想学の現在と未来

〔現代世界——その思想と歴史①〕来たるべき社会の基礎となる社会科学的方法論の課題を第一線で活躍する十二名が思想学の観点から論じる。自由思想、啓蒙思想から神学、経済学まで多彩な視座より思想研究の未来を探る充実の書。執筆者◎田中浩、柴田寿子、半澤孝麿、小野紀明、和田守、田中秀夫、加藤節、浜林正夫、飯島昇藏、泉谷周三郎、柴田平三郎、大木英夫。二四〇〇円

田中浩編
ナショナリズムとデモクラシー

〔現代世界——その思想と歴史②〕民族・宗教・言語・文化……ネイションをめぐる相克の歴史のなかで、いかにしてデモクラシーは生まれ、いま、いかなる困難に面しているのか。混迷の世紀を読みとく、政治思想の最前線。執筆者◎田中浩、樋口陽一、山室信一、村松惠二、加藤普章、下斗米伸夫、野村浩一、林忠行、板垣雄三、小杉泰、川端正久、坂本義和。二四〇〇円

クーペルスほか編／田中浩・柴田寿子監訳
EU時代の到来

〔ヨーロッパ・福祉社会・社会民主主義〕新自由主義の席捲による政治経済の危機を乗りこえ、今日のEUの礎を築いた欧州各国の社会民主主義政党の軌跡を捉える政治論集。四八〇〇円

穴見明著
スウェーデンの構造改革

〔ポスト・フォード主義の地域政策〕EU時代の到来を迎え、政治経済の脱中心化が進む欧州。グローバル社会と対峙するサブナショナルな地域行政機構のありかたを探る。三八〇〇円